福岡県の神社

アクロス福岡文化誌6

アクロス福岡文化誌編纂委員会編

海鳥社

はじめに

アクロス福岡文化誌編纂委員会

先人たちが築いてきた文化遺産や風土――〝ふるさとの宝物〟を再発見し、後世に伝えていくことを目的に刊行してきた「アクロス福岡文化誌」シリーズ。第六巻のテーマは「神社」です。

本書では、それぞれの神社の由緒や御祭神を解説するとともに、歴史ある社殿や樹齢数百年の御神木、個性的なお祭りや御神宝まで、各社の見所を紹介しています。

執筆は各地の研究者や文化財担当者を始め、様々な形で神社と関わりのある方々にお願いしました。また、取材や写真撮影などに当たっては、多くの方々にご協力いただきました。この場を借りて厚くお礼申し上げます。

古来、日本人は山、森、海、川など、自然界の中に何か不思議な力を感じて祈りを捧げ、その恵みに感謝してきました。そして、いつしかそれは神社という形になり、

本扉写真：糟屋郡久山町・伊野皇大神宮（斎藤英章氏撮影）

祈りの場としてだけではなく、地域共同体の核、人々の心の拠り所としての歴史を刻んできました。現在でも、初詣でに始まり、七五三、厄払い、安産や合格祈願など、私たちは人生の節目ごとに神社にお参りしています。

このように私たちの身近に存在している神社ですが、その由緒や祀られている神様のこと、祭りや行事の意味についてはあまり知らないことも事実です。本書がそれらを理解し、より神社に親しんでいただくきっかけとなれば幸いです。

また近年では、パワースポットブームなどもあり、神社に対する関心が高まっています。これを一過性のブームに終わらせることのないよう、神社の魅力を広く発信することも、本書の大きな役割だと考えています

福岡県内には今も三千社以上の神社があり、本書で取り上げた以外にも、多数の神社が存在します。本書を読まれた後には、ぜひお近くの神社を訪れてみてください。きっと新たな発見、出会いがあるはずです。

目次 Contents

［凡例］

＊本文中の神名の表記は、基本的に各神社の表記に倣い、各自治体史なども参考にしました。なお、旧字は常用漢字に改め、ルビ（振り仮名）は現代仮名遣いで表記しています。

＊神社名や祭り・行事名などは一般的な名称を用いているため、宗教法人としての登録名や文化財の登録名称とは異なる場合があります。

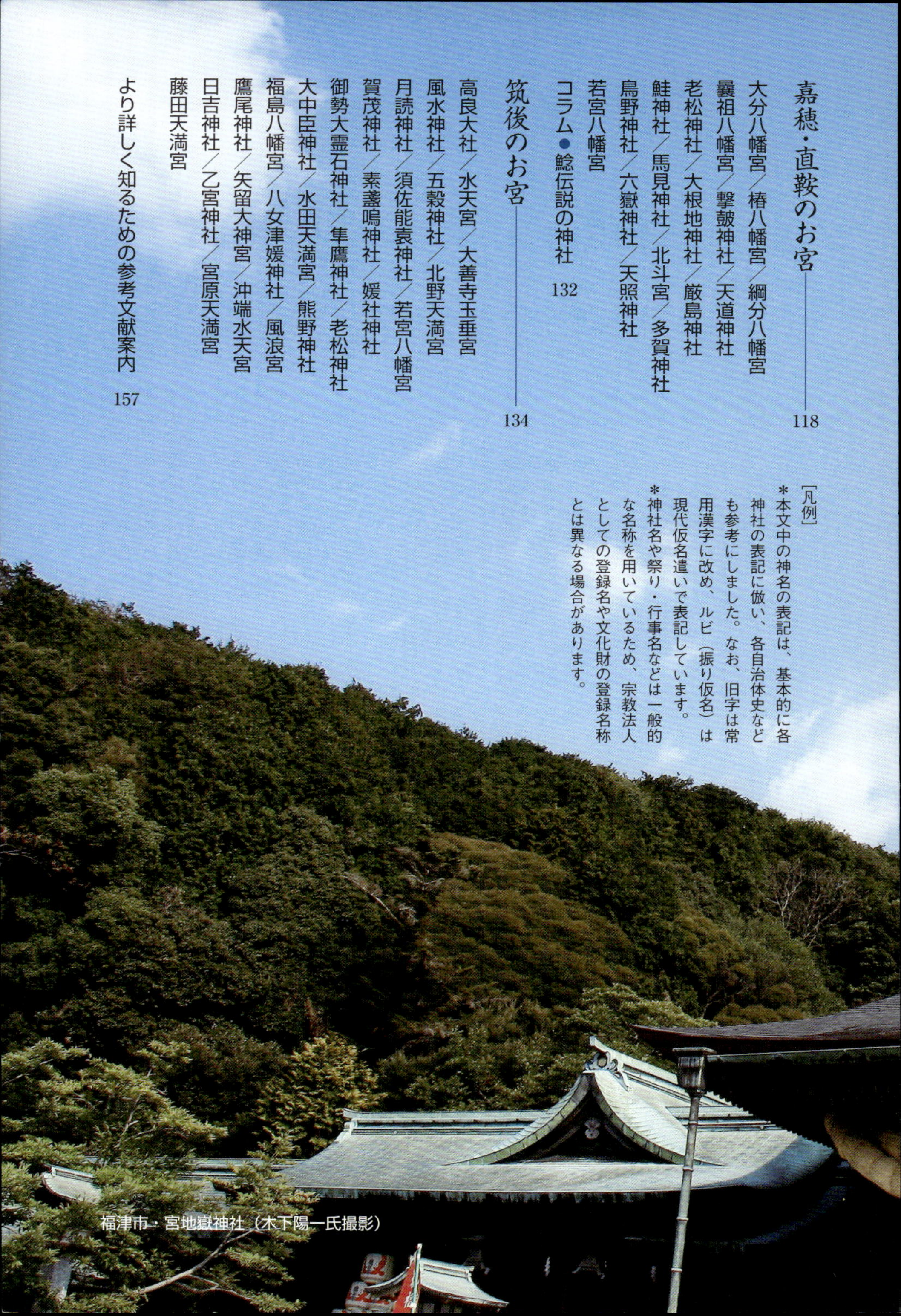

福津市・宮地嶽神社（木下陽一氏撮影）

【総説】

神々の成立と福岡県の神社

福岡県文化財保護審議会委員
森　弘子

「カミ」の起こり

日本は、ユーラシア大陸の東の海に弧を描いて連なる島国である。国土の約四分の三は山地。大部分の人々はこの山と海の間のわずかな平野に住み、日々の暮らしを営んできた。南北に長い列島は、四季の変化がはっきりとし、美しい自然と、海・山・野の幸に恵まれている。その一方、地震や津波、火山の爆発、毎年襲い来る台風、そしてひとたび大雨が降れば、一気に山を駆け下る水は麓の平野に洪水をもたらす。そんな厳しい自然でもある。

遙かな昔、この地に住んだ人は、自然の織りなす森羅万象を「カミ」と呼んだ。自然現象ばかりでなく、戦や疫病など、目に見えぬ何かを畏《おそ》れた時、心が不安な時、人々はカミに祈り安らぎを求めた。

神には「荒魂《あらみたま》」と「和魂《にぎみたま》」の二つの性格がある。荒魂は、戦いや天変地異を起こし、祟《たた》りをなすなど、神の荒ぶる側面、怒れる側面で、この神の怒りを鎮《しず》めるために人は供物を捧げ、供儀《くぎ》を行った。一方、神の優しく愛情に満ちた面を和魂という。和魂に仕え、感謝しつつ幸福を祈るのが現在の神道の基本的な形といえよう。

筑紫の神

福岡の地は筑紫の地である。広義には九州全体を、狭義には筑前・筑後を併せた地が「筑紫」と呼ばれた。『古事記』『日本書紀』に重要な地名として登場する筑紫であるが、不思議なことに「筑紫神」は全く登場していない。しかし、同時代に編纂された『筑後国風土記』には、次のような話が載せられている。

筑紫野市原田の筑紫神社。「筑紫」の国号は本社に由来するという

昔、筑後国と筑前国の境に険しく狭い坂があった。そこを通る人の乗る馬の鞍《くら》がすり尽くした。人々はこの坂を「鞍韉《くらしたくら》尽くしの坂」といった。また、坂の上に麁猛神《あらくたけきかみ》がいて通行人の多くが死んだ。よって「人の命尽くしの神」といった。この荒ぶる神について筑紫君と肥君《ひのきみ》が占い、筑紫君の祖・甕《みか》依姫《よりひめ》を祝《はふり》としてこれを祀ったところ、それから道行く人が神害を被ることはなくなり、この神は「筑紫神」といわれるようになった。

「筑紫」の名の起こりは、何やら恐ろしい話である。筑紫野市の筑紫神社は「筑紫国号起源の社」とされている。筑紫神社の祭神は五十《い》猛神《たけるのかみ》あるいは白日別《しらひわけ》とされているが、本来、筑紫の国魂《くにたま》であり、風土記の話はその荒魂が和魂として祀られる過程を示している。風土記の話がおどろおどろしく、記紀に筑紫神が見えないのは、ヤマト王権に容易に「まつろわぬ神」であったからかもしれない。

玄界灘、有明海、周防《すおう》灘という三つの豊かな海に囲まれ、比較的穏やかな気候の福岡県には、他の地方と違って、厳しい自然に人間が立ち向かった様を示唆するような神話は少ない。神々が祀られた経緯には、それとは別の、本県なりの特色があるようだ。

海の神と古代国家

掛けまくも畏《かしこ》き　伊邪那岐大神《いざなぎのおおかみ》
筑紫の日向《ひむか》の橘小戸《たちばなのおど》の阿波岐原《あわぎはら》に
御禊祓《みそぎはら》へ給ひし時に生《な》り坐《ま》せる祓戸《はらえど》
の大神等《たち》
諸諸《もろもろ》の禍事《まがごと》　罪《つみ》　穢《けがれ》有《あ》らむをば
祓へ給ひ　清め給へと白《もう》す事を　聞
こし食《め》せと
恐《かしこ》み恐みも白す

地鎮祭や車のお祓い、祭りの初め、神社で何か祈願してもらう時も、まず唱えられるのはこの「祓詞《はらえことば》」である。日本の神は、常に清浄を好み、穢れを嫌う。手を洗い口を漱《すす》ぎ、その上でお祓いを受け、私たちはやっと神様にお願い事ができる身になるのだ。

千年以上も前から唱えられ、現在の私たちにも耳慣れたこの祓詞。ここに登場する「筑紫の日向の橘の小戸の檍原」がどこなのかは、日向国（宮崎県）であるとか、いやいや日向は日向《ひなた》峠（福岡市西区・糸島市境）辺りで、小戸は姪浜《めいのはま》の小戸（福岡市西区）だなどと諸説あるが、それはさておき、神道で最も重要な儀礼「禊ぎ祓い」の起源は次のような記紀の神話によっている。

福岡市西区姪浜の住吉神社

日本の国土と多くの神々を生んだ伊《い》弉諾尊《ざなぎのみこと》・伊弉冉尊《いざなみのみこと》であるが、妻・伊弉冉尊は火の神・迦具土《かぐつち》を生んだ時、美《み》蕃登《ほと》（陰部）を焼かれて亡くなってしまった。伊弉諾尊は死者の国「黄泉《よみの》国《くに》」に妻を訪ねたが、そのあまりに変わり果てた恐ろしい姿を目の当たりにし、この世に逃げ帰ってきた。そして死の国でついた穢れを祓うため、筑紫の日向の橘の小戸の檍原で禊ぎ祓いをした。

この時、まず八十枉津日神《やそまがつひのかみ》・神直日《かむなおびの》神《かみ》・大直日神《おおなおびのかみ》が生まれ、次に綿津見《わたつみ》三神と筒男《つつのお》三神が生まれた。その後、左の眼を洗った時に天照大神《あまてらすおおみかみ》、右の眼を洗った時に月読尊《つきよみのみこと》、鼻を洗った時に素戔嗚尊《すさのおのみこと》が生まれた。

天照大神は太陽神であり高天原《たかまがはら》の主。皇室の先祖神として伊勢神宮を始め全国の神社に祀られている。天照大神という日本の国家にとって最も大切な神とともに生まれたとされる神々が、実は博多湾周辺に多く鎮座しているのである。

すなわち海の神である底綿津見《そこわたつみ》・中綿津見《なかつわたつみ》・表綿津見《うわつわたつみ》の三神は阿曇《あずみの》連《むらじ》の祖神とされ、その本拠地・志賀島《しかのしま》に祀られている。筒男三神は住吉神として摂津《せっつ》・長門《ながと》・博多・壱岐・対馬など都から朝鮮半島に至る航路の要衝に祀られ、むろん福岡県にも筑前一宮《いちのみや》の博多区住吉の住吉神社、西区姪浜の住吉神社など約二十社が鎮座している。また福岡市中央区天神の警固《けご》神社は、神直日神・大直日神・八十禍津日神の三神を「警固大神」として祀り、当初は福岡城本丸の場所にあったと伝え、大宰府警固所《けごしょ》の守護神であったともいう。

これらの神々はいずれも神功皇后の朝鮮出兵と深い関わりを持つ。神功皇后伝説には、朝鮮半島との緊張関係、幾度かの戦いが投影されていると考え

『志賀海神社縁起』第３幅（14世紀。志賀海神社蔵，福岡市博物館提供，山田満穂氏撮影）。神功皇后の朝鮮出兵の説話が描かれている

られている。ことに大宰府成立の契機となった六六三年の白村江《はくすきのえ》の戦いは記紀成立の時代にも近く、この時は阿曇比羅夫《ひらふ》が大将軍として百済の王子・余《よ》豊璋《ほうしょう》を一七〇艘の船団で故国に送り届け、新羅と戦っている。

中世、神功皇后朝鮮出兵の話は八幡信仰の中に採り入れられ、再構築される。その物語では、住吉神が大将軍、記紀には登場しない高良玉垂命《こうらたまたれのみこと》（久留米市・高良山の神）が藤大臣と称して副将軍、安曇磯良《あずみのいそら》は楫取《かじと》りとして活躍している。この戦いには宝満《ほうまん》山の宝満大菩薩、宗像・諏訪《すわ》・厳島《いつくしま》・熱田・三島など海人族が奉祭した全国の神々も参戦し、神功皇后の妹・豊姫《とよひめ》（佐賀市・河上神社の神）が海神にもらいにいった干珠《かんじゅ》・満珠《まんじゅ》の威力によって血を流すことなく勝利を収めている。

『志賀海《しかうみ》神社縁起』『玉垂宮縁起』『高良大社縁起』『諏訪大明神絵詞』などは、この物語を図像化したものであり、豊前の八幡古表《はちまんこひょう》神社（築上郡吉富町）、古要神社（大分県中津市）に伝わる神相撲・細男舞《くわしおのまい》はこの物語を人形劇で演じている。玄界灘ばかりでなく有明海や周防灘の神々も神功皇后の朝鮮出兵の物語に関わりを持つようになったのである。

阿曇族の本拠地・志賀島と隣接する宗像郡は宗像族の本拠地であり、彼らが奉祭する宗像三女神もまた、皇祖神・天照大神と深い関わりを持った神である。三女神は、天照大神とその弟・素戔嗚尊との天安河原《あまのやすかわら》における誓約《うけい》によって生まれ、「汝《いまし》三神《みはしらのかみ》、宜しく道《みち》の中《なか》に降居《くだりま》して、天孫《あめみま》を助け奉りて、天孫に祭《いつ》かれよ（あなたたち三神は、半島・大陸への海路に降りて、歴代天皇を助け、また天皇より祀られなさい）」との天照大神の神勅を受け、北部九州から半島・大陸に至る要衝に鎮座したという。

女神の名、祀られた場所など話の細部は『古事記』『日本書紀』本文、あるいは『日本書紀』の複数の「一書」

によって異なるが、宗像大社では沖ノ島の沖津宮に田心姫神《たごりひめのかみ》、大島の中津宮に湍津姫神《たぎつひめのかみ》、本土・田島の辺津宮《へつみや》に市《いち》杵島姫神《きしまひめのかみ》を祀っている。

「海の正倉院」ともいわれる沖ノ島では、おびただしい数の奉賽品が厳しい禁忌のもと今日に伝えられ、うち宗像大社神宝館に収蔵されている約八万点は一括国宝に指定されている。これらの品々は沖ノ島における祭祀の重要性を雄弁に物語っている。

宗像を根拠地に沖ノ島ルートの航路を掌握していた宗像氏が、ヤマト王権と関係を持ったのは四世紀中頃と考えられているが、白村江の戦いの後、胸《むな》形君徳善《かたのきみとくぜん》の娘・尼子娘《あまこのいらつめ》が後宮に入り大海人皇子《おおあまのみこ》（天武天皇）との間に高市《たけち》皇子《みこ》を生んだことは、さらにその絆を強める出来事であった。その関係か、宗像神は中央にも分霊され、十四郷を擁する宗像一郡が宗像大社の「神郡」とされた。全国の神社で神郡を持つのは伊勢神宮など七社八郡、九州では宗像大社のみであった。宗像氏は宗像郡の大領《たいりょう》をも兼ね、この地に土着し勢力を張り、郡内の神社は七十五末社一〇八神として宗像大社の末社に位置づけられた。

一方阿曇氏は、『日本書紀』応神天皇三年条に「阿曇連の祖・大浜宿禰《おおはまのすくね》を海人の宰《みこともち》（統率者）にした」という記事が見え、宗像氏よりも先に中央政権と関係を持ったと考えられるが、早くから本郷を離れ、全国の海岸のみならず、河内・山城・近江などの都が置かれた地、さらには山深い信濃・美濃などへも移住した。その足跡は各地の地名として残っている。

このように、玄界灘沿岸の神々が、早い段階で皇室の祖神とされる天津神《あまつかみ》の系譜に組み入れられ、親密な位置を占めていることは、とりもなおさずこの土地の神とそれを奉祭する氏族が中央政権にとって重要な存在だったからに他ならない。

日本列島と朝鮮半島、中国大陸の間の海、その制海権を掌握することは政

沖ノ島で見つかった奉献品（宗像大社蔵）
上：金銅高機。金銅製のミニチュア織り機で伊勢神宮にも同様のものが伝えられているという
左：馬の飾り金具の金銅製棘葉形杏葉

権にとって重要なことであった。そして優れた航海術を持ち、この海を自由に往来した海人・阿曇氏、宗像氏は中央政権にとって近しい関係でなければならなかった。日本の国家にとって、最も祓わなければならない「禍事《まがごと》」は、海の向こうから攻め来る敵であったのかもしれない。そして福岡の地は、その最前線であった。

式内社―由緒ある社の証

玄界灘、筑後川流域の重要性は、少し時代が下がった『延喜式』の「神名帳」に記載された神社、すなわち「式内社」の立地からも知ることができる。

『延喜式』は延長五（九二七）年に奏進され康保四（九六七）年に施行さ

［筑前国・筑後国・豊前国の式内社］

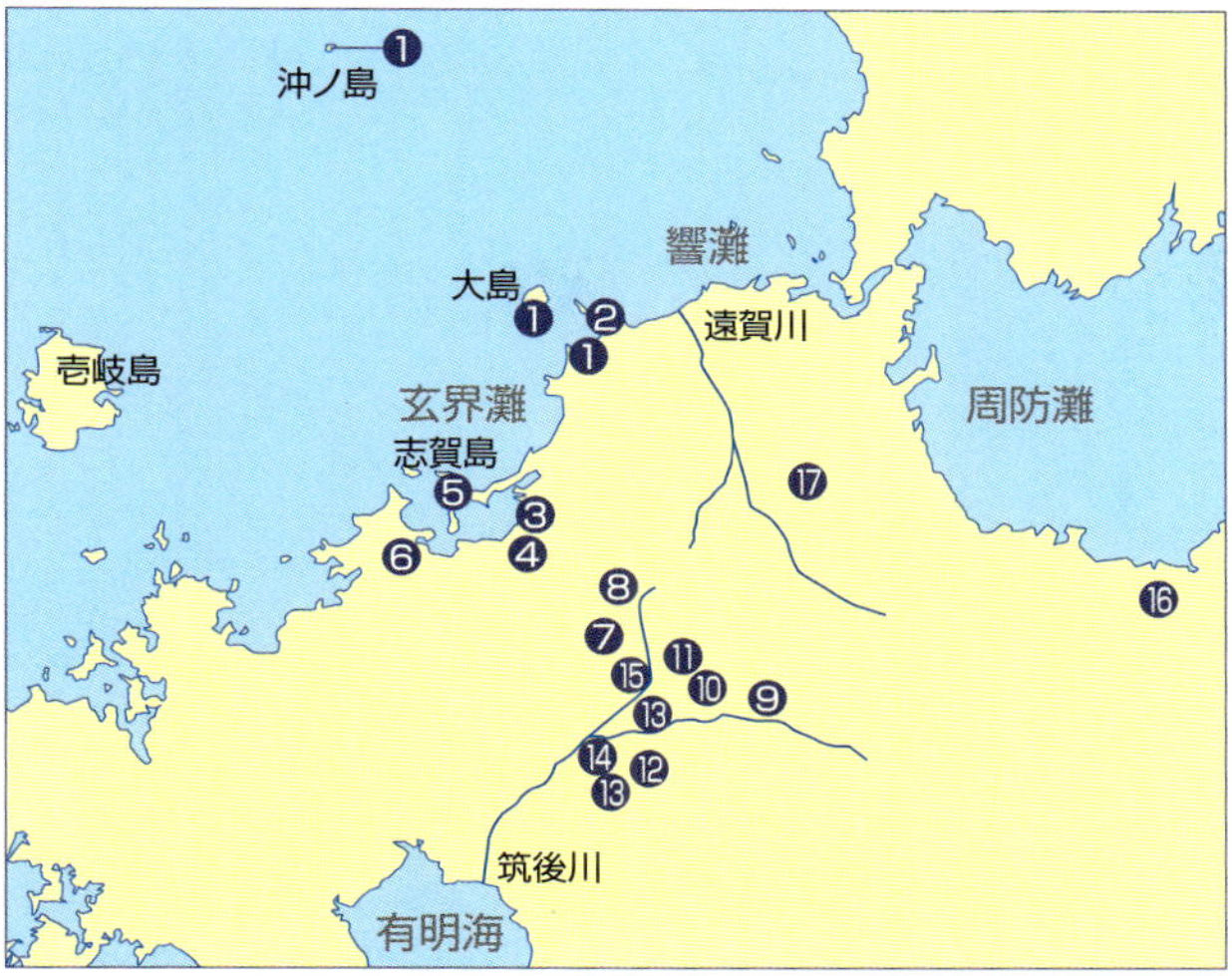

筑前国（十九座）	❶宗像神社三座（宗像市の宗像大社）
	❷織幡神社（宗像市鐘崎）
	❸八幡大菩薩筥崎宮（福岡市東区箱崎）
	❹住吉神社三座（福岡市博多区住吉）
	❺志賀海神社三座（福岡市東区志賀島）
	❻志登神社（糸島市志登）
	❼筑紫神社（筑紫野市原田）
	❽竈門神社（太宰府市・宝満山）
	❾麻氐良布神社（朝倉市志波）
	❿美奈宜神社三座（朝倉市荷原と林田の論社）
	⓫於保奈牟智神社（朝倉郡筑前町弥永の大己貴神社）
筑後国（四座）	⓬高良玉垂命神社（久留米市・高良山の高良大社）
	⓭豊比咩神社（久留米市上津町の豊姫神社、北野町大城の豊姫神社、北野町赤司の八幡神社、三社の論社）
	⓮伊勢天照御祖神社（久留米市御井町と大石町の論社）
	⓯御勢大霊石神社（小郡市大保）
豊前国（六座）	⓰八幡大菩薩宇佐宮／比売神社／大帯姫廟神社（以上三座は大分県宇佐市南宇佐の宇佐神宮）
	⓱辛国息長大姫大目命神社／豊比咩神社／忍骨命神社（以上三座は田川郡香春町・香春岳の香春神社）

注：「論社」とは式内社と推定されるものが二社以上存在し、いずれか決定し難いものをいう。

れた法典で、巻九・十が、官社の名を国郡別に記した「神名式（帳）」である。全国で二八六一社、三一三二座の神々が記載され、これらの神社は後々までも高い格式の神社としての扱いを受けた。

西海道（九州）は一〇七座。その中で、対馬の二十九座、壱岐の二十四座、筑前の十九座は突出して多いことが注目される。この時代は、遣唐使もすでに廃止され、海外との交流は低調であったため、航海ということよりも辺境防備という意味においてこの海域が重視されたことによるものであろう。

筑前・筑後・豊前の式内社は前頁の図表の通りである。このうち香春岳の神は新羅から渡ってきたという特殊な神であり、筑後と筑前の神の一部は筑後川流域を扼《やく》していることが注目される。筑前の神はほとんどが玄界灘沿岸の神々。まさに福岡県の神社の有り様は、福岡の地が大陸・半島に最も近いという地理的条件によって特徴づけられているといえる。

筑後国一宮の高良大社（久留米市御井町）。中門から拝殿を望む

神々の序列—社格

「一宮《いちのみや》」は平安時代から中世における一種の社格制度。国司は任地に赴くと、まず吉日を選んで主要な神社に参拝した。その際、詣でる神社が「一宮」以下に序列されていた。

この制はおそらく平安時代初期にその実が備わり、中期から鎌倉時代初期までに逐次整ったものと考えられている。それは朝廷や国司が特に指定したものではなく、諸国において由緒の深い神社、信仰の篤い神社が勢力を有するに至り、自ずと階級的序列が生じ、その首位にあるものが一宮とされ、奉《ほう》幣《へい》などに優先的地位を占めることが公認されるに至ったものと考えられている。

筑後の一宮は高良大社、筑前は筥崎宮または福岡市博多区の住吉神社、豊前は大分県の宇佐神宮である。

新任の大宰府の長官はまず香椎宮に参拝した。その際、神木・綾杉《あやすぎ》の葉を冠《かざ》に挿すのが恒例であった。また春に参拝した折には梅の花を挿したという。梅は〝文〟の象徴。綾杉は〝武〟の象徴。大宰府の長官は樹木に秘められた力をその身に憑《つ》け、文武両道をもって九州の統治に当たったのである。

　香椎宮は、神亀元（七二四）年、神功皇后の廟として、皇后が「新羅打つべし」の神託を受けた仲哀天皇の橿日《かしひの》宮《みや》跡に創建された。『延喜式』では

重厚な佇まいの香椎宮楼門（福岡市東区香椎）

「橿日廟宮」として山陵的な扱いをされた特別な存在であった。香椎廟創建の翌年、神亀二年には宇佐神宮が、現在地の小倉《おぐら》山に遷座している。香椎廟は新羅に対して、宇佐神宮は隼人《はやと》に対しての宗教的防備であり、両宮の創建は「奈良朝宗教政策の総仕上げ」とも位置づけられている。同じく宝満山の竈門《かまど》神社も大宰府鎮護という政治的目的をもって創建されたと考えられ、宝満大菩薩は神功皇后の姉とされた。

　現在も宇佐神宮、香椎宮には天皇の使いである勅使の参向があり、九州では最も高い社格を誇っている。

　明治政府は神道を国教化し、神社は国家の宗祀、伊勢神宮を我が国の本宗と位置づけ、全国の神社をその下に社格によって序列化した。すなわち官幣《かんぺい》大社、同中社、同小社、国幣《こくへい》大社、同中社、同小社、府県社、郷社、村社、無格社である。官幣、国幣の制はすでに『延喜式』の時代にも存在し、神祇官の祀る社を官幣社、国司の祀る社を国幣社といった。

　福岡県下における官幣大社は香椎宮・宗像大社・筥崎宮、官幣中社は太宰府天満宮・英彦山《ひこさん》神宮、官幣小社は竈門神社、住吉神社、志賀海神社、国幣大社は高良大社であり、いずれも古い由緒を持った社である。県社は紅葉《もみじ》八幡・鳥飼《とりかい》八幡・櫛田《くしだ》神社・宇美《うみ》八幡・宮地嶽《みやじだけ》神社など七十三社、郷社は愛宕《あたご》神社・姪浜の住吉神社など一一九社があり、村社は一村に一社の神社が定められた。

　明治政府は「神仏分離令」に続き「神社合祀」の政策を打ち出し、明治三十九（一九〇六）年から大正四（一九一五）年にかけて、行政上の「一村一社」に整理していった。このため多くの人々に身近な神社が合祀されたり、境内末社となったり、取り壊されたりもした。ことに三重県・和歌山県では県内神社の九割が整理されたというが、

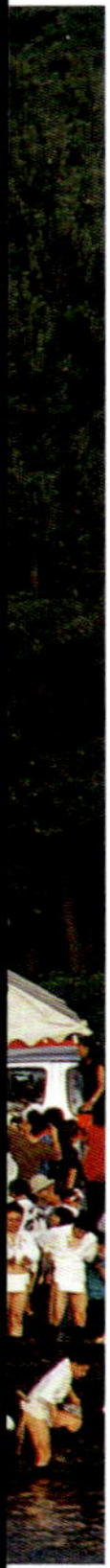

福岡県においては、村社一五一四社に対し、なお三〇〇四社の無格社が存在した。

　太平洋戦争の敗戦、ＧＨＱの神道指令により国家神道は廃され、また信教の自由、政教分離を定めた日本国憲法のもと、神社は民間の宗教法人として再出発した。戦前の社格は廃されたが、全国の神社の大半で組織された神社本庁が由緒や活動状況などを考慮して定めた「別表《べっぴょう》神社」がある。昭和二十三年に定められた当初は旧官国幣社のみであったが、その後二十六年に、由緒、社殿・境内地などの状況、常勤神職の数、神社の活動状況、氏子・崇敬者の数など選考基準が示され、現在全国で三四九社、福岡県には二十三社の別表神社がある。

聖地――神坐す地

史料に現れたところで神社の話をすれば、どうしても厳《いか》めしい政治的側面が強調されがちであるが、日本の神は人々ととても身近で、日々の暮らしや生業《なりわい》と密接な関係を持っている。また、日本人の自然観とも深い関わりを持って祭祀の場が定められた。

　例えば、宗像沖ノ島のことを大島や鐘崎《かねざき》の漁師は「宝の島」と言う。それは金の指輪や機織り機のミニチュアなどの国宝の祭祀遺物によるのではなく、沖ノ島周辺では魚がたくさんとれるからだという。すでに縄文・弥生時代から季節を選んで沖ノ島に仮泊し、漁を行う者がいたようだ。手つかずの自然が海へ運ぶ養分は島の周りの岩礁をこの上もない漁場としているし、またこの玄界の孤島は航路の目印となり、嵐の時には避難の場所にもなってくれる有り難い存在なのだ。そうした場所を人々は神と感じ、大切にしてきた。現在に至るも様々な禁忌があり、みだりに立ち入ることを許さない。こうして島の特異な自然も、朝廷も関わったと考えられている国宝の奉賽物も、まるごと今日に伝えられ、世界遺産登録を目指すなど、新しい意味の「宝の島」になろうとしているのである。

　博多祇園山笠のお汐井《しおい》とりや社日のお潮井とりで知られる箱崎浜は、博多湾岸随一の聖地として、この浜の真砂《まさご》も神聖で霊験あらたかだと信じられてきた。ハマは「秀間《はま》」であり神坐《いま》す場所。ここは筥崎宮鎮座より遥か前から、海行く人々にとって大切な場所であった。箱崎の浜から真っ直ぐに伸びる筥崎宮への参道。さらにその先には、三《さん》郡《ぐん》山系の最高峰、標高九三六メートルの三郡山を真正面に望むことができる。長い航路を旅して博多湾に入った時、正面に輝く白砂の浜、青々と続く千代の松原。目当て（目印）の山も正面に望める「秀間」は、永く聖なる場所として大切にされてきた。

「夕日の二見《ふたみ》ケ浦《がうら》」といわれる糸島

博多祇園山笠のお汐井とり。箱崎浜で清めの砂「汐井」をすくい，てぼ（竹籠）や升に入れ持ち帰る

半島・桜井神社近くの二見ケ浦は、夏至の日、夕日が二つの岩（夫婦岩）の間に沈む。朝日が昇る伊勢の二見浦と両方の太陽を見ようと夏至の日ツアーも盛んだ。太陽の恵みは計り知れない。春秋の彼岸や夏至・冬至など、特別な日に太陽が昇ったり沈んだりする場所は、全国あちこちで聖地として大切にされ、神社が建てられている。

太陽とともに人々の暮らしになくてはならないものは水である。泉や水源を聖地として大切にし、汚さないよう、涸《か》れないよう、伝説が付され、祭祀が行われ、あるいは側に神社を建てて守ってきた。糸島市の染井《そめい》神社は神功皇后伝説のある井戸を神社の起源とし、宝満山など田畑を潤す川の水源がある山は、水分《みくまり》の神が坐す山として人々の信仰を集めた。四月に十六歳の男女が宝満山に詣る「十六詣り」で新しい久留米絣の着物を着て登拝した娘は、その着物を洗わずとっておいて、田植え

糸島市志摩桜井の二見ケ浦。夏至の日，注連縄で結ばれた夫婦岩の間に夕日が沈む

の時の早乙女《さおとめ》となった。乙女たちは山の神の霊を身にまとい、田植えをしたのである。

英彦山六峰と呼ばれる修験の山々で行われた松会《まつえ》は、山の神の恵みを麓の農民に分け与えるものであった。種まきを控えた農家の人々が大勢参拝し、祭りの最中に撒かれた種籾《たねもみ》を持ち帰り、苗床に植えた。神仏分離以後は御田植《おたう》え祭として部分的に行う山が多い。また英彦山松会のお潮井とりは、英彦山を水源とする祓川《はらい》に沿って、行橋の沓《くつ》尾《お》の海岸まで行く。その間、流域に祀られた神社に立ち寄り祈禱をし、地域住民の接待を受ける。

川の流域に沿って山頂の山宮、山口の里宮、田の中の田宮、さらに海に近い河口にも神が祀られる。式内社・美《み》奈宜《なぎ》神社は二つの神社の論社となっているが、朝倉市荷原《いないばる》の社は古処《こしょ》・馬《うま》見《み》山系から流れ出る佐田川・荷原川によって作られた扇状地の奥、栗尾山の麓にあり、同市林田の社は扇状地の南部、二つの川が筑後川に合流する手前一キロの平地にある。かつては栗尾山山頂に上宮があったという伝承と合わせると、一つの水系の山宮、山口の里宮、田宮ということもできる。『神名帳考証』に祭神を「水分神」としていることからしても、美奈宜神社三坐は水系に沿った三つの社を一つとした呼称であったとも考えられる。

　現在は社殿に鎮まる神々も、昔はこうした自然の中に息づいていた。鎮守の森は、社殿が建つずっと以前から、森そのものが神坐《い》ます地なのであり、そこに建てられた神社も、白砂や小石を敷き詰めたり、周りの森と一体化した空間を演出するなど、自然とともに存在し、人々の安らぎの場として在り続けている。

神仏習合

縷々述べてきたように、日本の神はキリスト教やイスラム教の神のように唯一絶対の神ではない。八百万《やおよろず》の神がおられ、おおらかで人々と近しい存在なのだ。そうした在り方は仏教や道教とも通じている。

　仏も神の一つとの考えは、仏教公伝の際、物部尾輿《もののべのおこし》らが百済からもたらされた金銅仏を「蕃神《あだしくにのかみ》」といったことや、その翌年に造られた国産第一号の仏像が河内国茅渟海《ちぬのうみ》に浮いていた不思議な樟、つまり御神木で造られたことからも窺える。

　「死者の霊は時が経つとともに人間から離れて、清浄な世界に昇華し、神となって子孫を護る」という我が国固有の祖霊信仰は、推古朝に造られた仏像の光背銘《こうはいめい》にも見られる。しかし時代が下がると、仏教優位の神仏習合の形態が展開する。

　奈良時代には「神は仏法を悦び仏法を擁護する」という護法善神的な考え、また仏法によって苦悩を免れたい神まで出現した。神社の境内には「神宮寺」が造られ、神前読経が行われ、神に「八幡大菩薩」「多度《たど》大菩薩」などの菩薩号を与えることも八世紀末には始まった。大仏造立は、天照大神＝日輪＝大日如来＝盧舎那仏《るしゃなぶつ》という論理のもと造営が開始され、八幡神の援助によって完成した。このような多くの庶民の力を必要とする大工事には、日本を代表する神祇の力が不可欠だったのである。

　平安時代になると、御霊《ごりょう》、怨霊《おんりょう》の活動が活発になり、その霊を鎮める御霊《ごりょう》会《え》が神仏合同で行われ、神仏渾然一体の御霊社が創建される。祇園社、天満宮も御霊を鎮めるための神社であるが、その創建に僧侶が深く関わり、境内も神仏渾然一体の宮寺《みやでら》形式で造営された。平安時代末頃には本地垂迹《ほんじすいじゃく》説が唱えられ、日本の神は仏教の仏が垂迹した(仮の姿で現れた)ものとして、日本中の神々に本地（本体の仏）が設定された。ことに修験道系の神社では熊野権現、彦山権現など権現号をもって称された。これは、神は仏が「権《かり》に現れた」という意味である。

　鎌倉時代、浄土宗など新仏教の宗派が興り庶民教化が盛んになると、本来教義を持たない神道も、仏教を援用して教義づける試みがなされる。真言密教系の両部《りょうぶ》神道、天台系の山王一実《さんのういちじつ》神道などがそれである。こうして、明治維新までは神仏習合が当たり前、神と仏は人々の身近なところに共存していたが、明治政府は、江戸期に本居宣長《もとおりのりなが》や平田篤胤《あつたね》らが提唱した復古神道の思想をバックボーンとしていたため、維新とともに神仏分離令を発布、神道を国教としたのである。そのため、神・仏・道が固く結びついた修験道は廃止され、多くの神社から仏教的建物や仏像・仏具が姿を消した。

福岡県の神社

　自然の森羅万象を「カミ」と見てきた太古の昔から、歴史を経るに従って多種多様な神社が成立してきた。福岡県には、宗像大社や志賀海神社、高倉神社（遠賀郡岡垣町）、八女津媛《やめつひめ》神社（八女市）、高良大社など、古代、この地方の豪族が祀っていた神々もあるが、今日、福岡県にある神社の多くは、全国展開を見せる神社である。

　全国の神社で最も数が多いのは、四万三千社とも言われる八幡信仰関係の社、次いで伊勢、天神、稲荷、熊野、諏訪、祇園、白山、日吉、山神、春日、愛宕とランクされている（岡田荘司・加瀬直弥『現代・神社の信仰分布』國學院大學21世紀COEプログラム研究センター、二〇〇七年）。

　福岡県には、平成二十四年一月現在三三一八社の神社があり、飛び抜けて多いのは六百社を超える天神信仰関係の社である。神仏分離や神社合祀によって、本来の姿がわかりにくくなっている神社もあり、正確に数を示すことは至難の業であるが、以下に福岡県神社庁に属する法人格を持った神社の概要を多い順に述べる。

■天満宮

　天満宮は学問・文化の神「天神さま＝菅原道真公（菅公）」を祭神とする。大宰権帥《だざいのごんのそち》として左遷され、延喜三（九〇三）年に大宰府で亡くなった菅公は、現在の太宰府天満宮の地に葬られ、菩提寺・安楽寺が建てられた。一方都では、菅公没後、左遷に関わった人々の死や様々な災厄が打ち続き、菅公の怨霊のなせるわざと怖れられ北野社が創建された。永延元（九八七）年、北野社が初めて官幣に与《あずか》るなど、天神信仰の高まりとともに太宰府の安楽寺も「安楽寺天満宮」と呼ばれる宮寺となり、次第に神道色を強めていった。

水鏡天満宮。福岡市中央区の「天神」という地名は当社に由来する

県下の天満宮は旧筑前・筑後に多く、ことに筑後では八幡宮の約四・五倍もの社がある。これは九州では八幡宮に次ぐ荘園領主であった安楽寺天満宮の荘園が筑前・筑後に多く存在したことと無関係ではない。大穀倉地帯であった筑後には「水田千石」といわれた中核的な荘園があり、京都の北野社も荘園を有していた。これら荘園には荘園鎮守神として天満宮の分霊が祀られた。

天神信仰の伝播は神人《じにん》の唱導によっても行われ、近世には寺子屋の守り神として、身近なところにも多くの天神さまの社が造られた。天神縁起にある物語は各地に伝えられ、その土地の伝説や神社の由緒となっている。都から大宰府へ下向の折、漁師が舟の艫綱《ともづな》を巻いて敷き、菅公にお休みいただいたという綱敷天神・綱場天神、水鏡に姿を映して嘆かれたという水鏡天神・鏡天神・姿見天神などの社は、西日本各地に分布している。

天神の第一の眷属神《けんぞくしん》である「老松《おいまつ》」を荘園鎮守社として祀った老松社も、現在ではほとんど祭神を菅公とし、またもともとその地方で天津神《あまつかみ》を祀った天神社が、時代とともに菅公を祭神とするに至ったケースも多い。

■八幡宮

全国では断然トップの八幡宮は福岡県では二位である。八幡宮は、大分県の宇佐神宮を起源とする。その草創は謎に包まれ諸説あるが、養老年間（七一七―二四）の隼人《はやと》の乱を機に世に現れ、託宣の力をもって中央へも進出したことは、道鏡事件などによってよく知られている。

八幡神は最も早く、最も深く仏教と結びついた神であり、延暦二（七八三）年には託宣して「八幡大菩薩」と名乗ったという。また境内には神宮寺・弥勒《みろく》寺が建立され、法蓮が初代別当となった。法蓮は地方の人としては珍しく『続日本紀』に二度その名が見える医術に勝れた僧であった。

八幡宮の祭神は、八幡すなわち応神天皇とその母・神功皇后、姫神の三神とする社が多い。もともと八幡と姫神の二神であったが、弘仁十一（八二〇）年の託宣により、神功皇后を祀る

福岡市博多区の若八幡宮。厄払いの神社として有名で「厄八幡」とも呼ばれる

社殿が宇佐神宮に造営された。これによって八幡は対新羅の守護神を取り込み、その方面に対しても神威を振るうこととなる。姫神は時代や社によって異なるが、宇佐神宮では宗像三女神をこれに当て、宗像大社ともある時期密接な関係にあったことを示唆している。

　筥崎宮は延喜二十一（九二一）年の託宣によって大分《だいぶ》八幡宮（飯塚市）から遷座した。大分八幡宮は、五所別宮の第一といわれ、神亀三（七二六）年、大宰府官道を扼する穂波《ほなみ》の地に置かれた。五所別宮は他に、肥前・千栗《ちりく》八幡宮、肥後・藤崎八幡宮、薩摩・新田八幡宮、大隅・正《しょう》八幡宮で、九州における八幡信仰流布の拠点ともなった。

　貞観元（八五九）年、大安寺僧・行教《ぎょうきょう》によって、京都・男《おとこ》山に石清水《いわしみず》八幡宮が勧請され、八幡神は九州の地域神から国家神へと発展した。石清水八幡宮は院や摂関《せっかん》家の篤い信仰を受け、伊勢神宮と並び「二所の宗廟」と称されるほどの権門となった。十一世紀末には筥崎宮・宇美八幡宮・大分八幡宮・千栗八幡宮・香春神社などを管轄下に置き、大治三（一一二八）年には本家本元の宇佐弥勒寺、建久四（一一九三）年には香椎宮までもが石清水八幡に掌握された。こうして九州の宗教支配体制は石清水八幡宮を中心に再編され、蒙古襲来などに対峙していった。

　八幡宮は武士の統領・源氏の信仰も受け、鎌倉に鶴岡八幡宮が勧請された。以後、各地を領した武士の勧請などにより、全国津々浦々に四万三千社ともいわれる八幡宮が鎮座している。「武」の神としての信仰は現在低調であるが、スポーツなどの勝負事や厄除け、神功皇后にあやかる安産の信仰などが盛んである。

■貴船社

　県下三位は、全国では十九位の貴船《きふね》社で約一五五社。全国的に見ても高い集中度の分布である。貴船社は京都市の北、貴船川の上流、鞍馬《くらま》貴船《きぶね》町に本社があり、雨を司る高龗神《たかおかみのかみ》（闇龗《くらおかみの》神《かみ》、罔象女神《みずはのめのかみ》とも）を祀っている。福岡県下では特に豊前地方に多く、八幡宮とほぼ同数の社が祀られている。豊前は水持ちの悪い中小河川が多いため、順調な降雨が渇望されたためであろうか。筑前では貴船の他、龗《おかみの》神社、水神社があり、大河・筑後川が流れる筑

豊前市上川底の貴船神社（豊前市提供）。毎年10月に神楽が奉納される

後では、貴船は一社のみ、水神社が数社鎮座するだけである。

■熊野社

山岳信仰、修験道系の神は、自然崇拝をもとに、神道・仏教（密教）・道教などが習合した神であり、熊野権現・彦山権現・求菩提《くぼて》権現など、多く「権現」と称した。神仏分離で修験道や権現号は廃止されたものの、修験道の信仰は武将や山伏・熊野比丘尼《びくに》などという宗教者によって全国に広められ、熊野神社、白山神社、愛宕神社、秋葉神社などとして数多く現存している。彦山（彦山権現）、宝満山（宝満大菩薩）、若杉山（太祖権現）など、福岡県を発祥とする修験霊山の末社も各地に分布している。

その中で熊野社は一二〇社以上を数え、福岡平野周縁の山々、筑後では矢部川流域に多く鎮座している。紀伊半島南端にある熊野三山は本宮・那智《なち》・新宮（速玉《はやたま》大社）からなり、祭神は複雑な組み合わせがあるが、県下では新宮系の速玉男命《はやたまのおのみこと》・事解男命《ことさかのおのみこと》・伊弉冉尊のセットとするものが大半である。

加賀の白山神は、福岡県では北九州市若松区の旧県社・白山神社を始め三十社を数え、その他県内各地の山々で合祀、小祠として祀られているケースも多い。愛宕社は福岡藩二代藩主・黒田忠之《ただゆき》が京都・愛宕山から鷲尾《わしお》山に勧請した愛宕神社を始め二十社余がある。

■大山祇神社

オオヤマツミは「大いなる山の神

室山熊野神社（八女市星野村）。深山の境内は幽玄な雰囲気が漂う

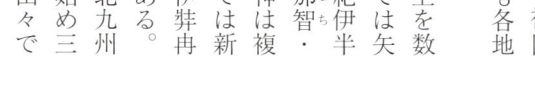

京都郡みやこ町犀川帆柱の大山祇神社

霊」という意味。伊弉諾・伊弉冉尊の御子とされ、山々の精霊を総括支配する神という。その名の通り福岡県では、山つきの集落などに多く祀られる。素朴な山の神信仰が、大山祇神《おおやまつみのかみ》となっていったものであろう。

大山祇神社で最も有名な社は、瀬戸内海の芸予《げいよ》諸島の中央に位置する大三《おおみ》島《しま》に鎮座し、全国の重要文化財の甲《かっ》冑《ちゅう》のうち七割強を所有する大山祇神社（愛媛県今治《いまばり》市）で、「三島大明神」ともいわれる。大山祇神社は水軍で有名な河野氏の氏神であり、その力を頼る源氏・北条・足利などの武将の信仰を集めた。

海であるのに山の神を祀るのは、海人にとって山は大切な存在だったからである。「山当て」「目当て」といい、山は航海をする時の船の位置を知る目標物であり、また船の用材や漁具を提供するばかりでなく、山の森が蓄えた養分は海に流れ入り、豊かな海産物を育むからでもある。また『伊予国風土記』逸文には「大山積《おおやまつみ》の神、一名は和《わ》多志《たし》の大神」とあって渡航神ともされる。

全国では十三位であるが、福岡県下には大山祇神社が約百社、筑後には二十社の三島神社が鎮座しており、五位という高いランクになっている。

■祇園社

祇園社は藤原基経《もとつね》が京都東郊の八坂の地にあった居宅を寄進し、疫神《えきじん》を祀る祇園社を付属させた観慶《かんぎょう》寺を建てたことに始まるといわれる。祇園精《ぎおんしょう》舎《じゃ》はインドの須達《しゅだつ》長者が釈迦に対して寄進した寺院で、傍らに疫病神・牛頭《ごず》天王《てんのう》を祀っていた。

祇園社は、明治元（一八六八）年の神仏分離令で権現、牛頭天王などの仏教的な神号を廃止されたため、本社は八坂神社と改め、祭神・牛頭天王は中世以来の説をとって素戔嗚尊とされた。ために筑前では須賀神社（素戔嗚尊が出雲国須賀に宮を建てたことに由来）、豊前では須佐神社、筑後では素戔嗚神社・須佐能袁《すさのお》神社などと改められた。都市部に多く鎮座し、疫病などの都市生活の災厄を祓う神として信仰される。大きな山車《だし》を繰り出す祇園祭は今日もなお盛んである。

■日吉社

筑前木屋瀬祇園祭（北九州市八幡西区）。山笠は町を練り回った後，須賀神社境内へ。山笠の上で花火が舞い，見物人から歓声が挙がる

比叡山延暦寺の地主神であり鎮守神の大山咋神《おおやまくいのかみ》を祀る。比叡山の近江側山麓、大津市坂本に日吉大社が鎮座する。『古事記』には「近つ淡海《おうみ》の日枝《ひえ》の山に坐す」とあり、古くは日枝と表記した。神仏習合時代は日吉《ひえ》山王権現といわれたため、「山王社」と称する神社もある。天台宗の寺院、またはその荘園の鎮守神として日吉大社の分霊を祀ったもので、県下に一一〇社を超える日吉社があり、ことに筑前・筑後に多いのは、この地方において天台寺院の勢力が大きかったことを物語っている。寺院が廃絶した後、村氏神となっている社も多い。

綿津見神社

ワタツミのワタは海、ツは接続語、ミは神霊の意であることはヤマツミと同様である。綿津見神の本拠は先にも述べたように志賀島であるが、志賀島のある筑前よりも、むしろ筑後の有明海沿岸地方に多くのワタツミ神社がある。ことに柳川を中心とする地域には「少童命《わたつみのみこと》」を祭神とする海童《わたつみ》神社が多いことが注目される。これは『日本書紀』の表記に従った祭神名をとっている。風浪《ふうろう》宮の草創伝承など、阿曇族の活動が有明海方面でも活発に展開したことを物語っている。

高良社

高良大社・玉垂宮の絵縁起が、神功皇后の朝鮮出兵の物語であり、その中で玉垂命が安曇磯良とともに活躍することも、この地方への阿曇族の流入を物語る。高良社は久留米市の高良山の神であり、福岡県に約五十五社あるが、

太宰府市観世音寺の日吉神社。観世音寺の鎮守神として平安時代に創建されたが，現在は観世音寺地区の産土神となっている

筑前には一社のみ。後はすべて筑後地域に限られる。「玉垂命」の名は神功皇后の朝鮮出兵の際、干珠・満珠を操ったことによるという。

■水天宮

フーテンの寅さんなどで全国に知られている水天宮は、久留米市の筑後川河畔にその総本社がある。高良社同様、本県では筑後地方に限られているが、文政元（一八一八）年、久留米藩九代藩主・有馬頼徳《よりのり》が江戸三田の藩邸に分祀した社が、安産、水難除けなどで庶民に信仰されるようになり、全国に広がった。

■稲荷社・恵比寿（須）社

稲荷・恵比寿（須）は、私たちに身近な神であるが、法人格を持った神社は、福岡県下にはどちらも五十社前後である。赤い小型の鳥居と狐がシンボルのお稲荷さんは、大きな社に鎮座するというより、むしろ町の片隅や路地の奥、あるいは屋敷神として商家の庭やビルの屋上など、至る所に祀られている。京都伏見の稲荷山の峰に宿る穀霊・宇迦之御魂大神《うかのみたまのおおかみ》（倉稲魂・稲魂）を主祭神とし、山背国《やましろ》の渡来系豪族・秦《はた》氏の氏神であったが、東寺の鎮守神となることによって真言宗との結びつきができ、本来の農耕神的信仰から、呪術的信仰など様々に信仰が展開した。現在では商売繁昌の神というのが一般的である。

鯛を小脇に抱え、釣り竿を持った福々しいエビスさんの正体は、伊弉諾・伊弉冉尊の子で、船に乗せられ海に流されたヒルコ（蛭子）を恵比寿神とする説、また鯛釣る翁・事代主命《ことしろぬしのみこと》とする説がある。兵庫県の西宮に由来し、龍宮から引き出物をもらって戻ってきたヒルコを海人たちが祀ったという伝承のように、もともとは海人が豊漁などを祈る神であったが、海人と里人が交わる市などの物々交換を通して商いの神となって一般に広がった。また道祖神的な性格を持ち村境に祀られ、農耕神としても信仰された。正月十日が祭礼日の福岡市博多区東公園の十日恵《とおかえ》比須《びす》神社は西宮えびすの流れを汲むものであろうが、県下には十二月三日を祭礼日とする若松恵比須神社の系譜と考えられる神社や恵比須講も多い。

■厳島神社

「黒田稲荷」とも呼ばれる宇賀神社（福岡市中央区大宮）。マンションに囲まれた細い参道の先にひっそりと佇む

福岡市博多区東公園・十日恵比須神社の正月大祭・十日恵比須（福岡市提供）。商売繁昌を願う参詣人で深夜まで賑わう

平清盛で名高い安芸の宮島・厳島神社には宗像三女神が祀られているが、逆輸入の形で福岡県下にも宗像大社より遙かに多数の厳島神社が存在している。ただ、神仏習合時代、本地垂迹説によって、厳島神社の主祭神・市杵島《いちきしま》姫《ひめ》の本地が仏教の天部の神・弁財天であるとされたことから、七福神の弁財天信仰とも結びつき、明治以降、弁財天社が厳島神社、竹生島《ちくぶじま》神社となったものもあり、単純に安芸の厳島神社の分社ばかりとは言い難い。

■

全国ランク二位の伊勢信仰関係の神社、六位の諏訪神社、十一位の春日神社などが、本県では前記神社に次いで数が多い。その他、龍神社、雷神社、田神社、水神社、森神社、地禄《ちろく》神社など、自然現象あるいは土地そのものを祀った素朴な神社もあり、特異なものとしては、百合若大臣《ゆりわかだいじん》伝説にちなむ鷹を祀った玄界島の小鷹《こたか》神社、鮭の遡上を記念した嘉麻市の鮭神社がある。

ふるさとの情景

神社は地域文化にとって重要な存在である。鎮守の森は自然、社殿などの建造物、神宝、祭りなど地域文化の集積されたところであり、また人々が集うコミュニティーの中心の場でもあり、ふるさとを離れた人には心が帰っていく拠り所でもある。ふるさとの神と人々の関係はおおらかであり、五穀豊穣や疫病退散、子供の健やかな成長など、産土神《うぶすながみ》には何でもお願いしてきた。

一方、神社の歴史は、政治に翻弄され続けてきた歴史でもあった。ことに太平洋戦争後は、人々の神社に対する考え方も様々となり、地域住民を氏子とするかつての一村一社の制が根強く残る地域もあるものの、物の考え方の変化や社会構造の変革、過疎化などで、存続を危ぶまれる神社も少なくない。また一方では、商売繁昌、縁結び、学業、交通安全などと信仰を特化し、地域を超えて多くの参拝者を集めている神社もある。

地球環境問題がクローズアップされ、東日本大震災などによって地域の絆が見直される今日、神社の存在意義が再認識される時代でもある。

福岡のお宮

福岡市東区・香椎宮の綾杉（木下陽一氏撮影）

香椎宮《かしいぐう》

仲哀天皇、神功皇后を祀り、朝廷より篤い崇敬を受けた古社

仲哀天皇崩御の地

　香椎宮は福岡市東区香椎の山手、国道三号線・御幸《みゆき》町のバス停から西鉄貝塚線と鹿児島本線の線路を越え、趣《おもむき》ある樟並木の参道を通り抜けた先にある。この参道は通称を「勅使《ちょくし》道」とも呼び、大正十一（一九二二）年の貞明皇后（大正天皇皇后）香椎宮参拝を記念して街路樹が整備されたもので、福岡市内でも特に美しい印象的な並木道の景観を形成している。

　参道の先、木々に囲まれた広い境内の中に香椎宮は鎮座する。祭神は本殿が仲哀天皇・神功皇后、相殿には応神天皇・住吉大神が配祀される。記紀の記述によれば、熊襲《くまそ》を討つため筑紫に下向し、「橿日宮《かしひのみや》」に滞在中であった仲哀天皇は、神託を拒否して突然に崩御したという。その故地は本殿の東、「古宮《ふるみや》」と呼ばれる場所であると伝えられ、本殿に神功皇后が祀られるのに対して、仲哀天皇は長い間この摂社《せっしゃ》の古宮に祀られていたが、大正四年に本殿へと合祀された。

　社伝によれば、養老七（七二三）年の神功皇后託宣を受け、翌神亀元年に初めて社殿が造営された。古代史料には「香椎廟」の名でも見え、大宰府官人の参拝が度々であった。天皇即位や対外的な危機などに際しては、朝廷より勅使が下され奉幣《ほうへい》が行われた。奉幣使の派遣は中世、長く中断されていたが、延享元（一七四四）年に復興され、その後六十年に一度、大正以降は十年

上：中門から拝殿を望む。紅白のコントラストが印象的
右：古宮趾。仲哀天皇の行宮・橿日宮があった場所といい、香椎宮創建の地とされている

に一度の奉幣が恒例となった。中世には糟屋《かすや》郡内の三苫《みとま》郷・和白郷・山田郷等々広大な社領を支配したと伝わる。

独特な建築様式の社殿

社殿は中世以来、度々火災に罹り、その度に公家や武家の手により再建がなされてきたことが記録に残っている。近世以降では、天正十五（一五八七）年に当時の領主・小早川隆景《たかかげ》が造営した本殿が寛永十四（一六三七）年に焼失した後、同二十一年に福岡藩二代藩主・黒田忠之が再建した。また享和元（一八〇一）年に十代・黒田斉清《なりきよ》がこれを造替したものが現在の本殿である。入母屋造《いりもやづくり》と切妻造《きりづまづくり》を組み合わせた屋根など、近世的な独特の形状は「香椎造」と呼ばれ、重要文化財に指定されている。その他拝殿や渡殿、中門、楼門などは幕末から明治にかけての建築である。

本殿の複雑な建築様式「香椎造」は日本で唯一のもの（福岡市提供）

境内に残る神功皇后伝説

境内やその周辺には神功皇后伝説に関わる古跡が多い。境内中門前の石段下に聳える神木の綾杉《あやすぎ》は、神功皇后が剣・鉾《ほこ》・鉄杖《てつじょう》の三種の武具を埋めた上に杉の枝を挿したものが大きく生育したと伝わる。葉の面が独特の綾目をなすことから綾杉の名で呼ばれ、葉は古くは朝廷にも献上されるなど、由緒ある縁起物として尊ばれた。『梅松論』には、建武三（一三三六）年の多々良《たたら》浜合戦の際に、足利方が綾杉の葉を笠印としたことが見えている。

境内の外、本殿から北東に当たる住宅街の間に「御飯水《おいのみず》」が湧き出している。この井泉の名は古くから神饌《しんせん》の調進に用いられたことに由来し、「不老《ふろう》水《すい》」という別名は神功皇后の功臣・武内宿禰《すくね》の長寿伝説にちなむ。

近年の宅地開発の進展で、神社とそれを中心とする集落の静かな景観は急激に変化しつつある。

［水野］

所在地　福岡市東区香椎四－一六－一
祭神　仲哀天皇・神功皇后・応神天皇・住吉大神
メモ　香椎海岸の西方に浮かぶ岩礁を「御島」と呼び、香椎宮末社の御島大明神の祠が置かれている。人工島の建設により、この香椎潟の風景も大きく様変わりした。

筥崎宮《はこざきぐう》

厄除け・勝運の神として知られ、対外交流史を見守ってきたお宮

海外交流の拠点、護国の要衝として

福岡市東区の箱崎は、博多の北東に隣接し、古代以来の港津として、また都市として独自の発展を遂げた地域である。この箱崎地域の歴史的・文化的な性格を考える上で、筥崎宮の存在を差しおくことはできない。

縁起に従えば、筥崎宮の創建は延長元（九二三）年に穂波《ほなみ》郡大分《だいぶ》八幡宮（現飯塚市）より当地へ八幡神が遷座したことによるという。以後、箱崎は筥崎宮とともに発展した。当時の津は神社の北東、多々良《たたら》川河口から大きく湾入した内海に存在したと考えられている。

遠く異国に向かい、西方海側を正面として建造された社殿は風害や戦災により度々失われ、繰り返し再建されてきた。鎌倉時代の文永十一（一二七四）年、元軍の襲来に際しても当社が戦火に罹ったことが知られている。

現在の本殿と拝殿は天文十五（一五四六）年の大内義隆《よしたか》による再建、大きな屋蓋《おくがい》が印象的な楼門は文禄三（一五九四）年の小早川隆景《たかかげ》による再建、また大学通り（旧唐津街道）に面して立つ一の鳥居は慶長十四（一六〇九）年に黒田長政が建立したもので、すべて重要文化財に指定されている。その他、長い歴史を反映して宮蔵の文化財も数多い。

筥松。神功皇后が応神天皇を出産した際，胞衣を筥に納めて埋めたという場所に立つ

中世には当宮は山城石清水八幡宮の別宮に位置づけられてその支配を受け、その関係は戦国時代まで続いた。神仏習合思想に基づき大宮司以下の社人と座主《ざす》坊以下の社僧が置かれ、明治の神仏分離まで境内内外には両者が混在する独特の景観が形成されていたことは、筥崎宮所蔵の縁起絵巻などからも窺い知ることができる。戦国時代に座主坊の家臣として活躍した城戸清種《きよたね》が書き残した記録『豊前覚書』は、同時代の箱崎・博多周辺の様子が活写された大

黒田長政建立の一の鳥居と，小早川隆景が再建した楼門。社伝によれば，扁額の「敵国降伏」の文字の原本は醍醐天皇の宸筆ともいう

変面白い史料である。

秀吉や宗祇も歌に詠んだ松原

戦後の埋め立てにより失われてしまったが、箱崎付近の海岸は、近代まで博多石堂橋の際から多々良川の河口まで「十里松原」とも呼ばれる長大な松原が続く、白砂青松の名勝地であった。

古くから松は神の木として尊ばれた。中でも神功皇后が応神天皇を出産した際の胞衣《えな》（胎盤など）を筥（箱）に納めて埋め、その標《しるし》に植えたという神木「筥松」は、幾度かの代替わりを経て現在も筥崎宮境内に受け継がれている。また、神功皇后が納めたのは仏法に関わる経巻であったという中世的説話もあり、世阿《ぜあ》弥《み》作の謡曲として知られながら長く廃曲となっていた「箱崎」が、平成十五年の筥崎宮遷宮を機に復興された際には、この説をもとに曲が構成された。

文学の世界では箱崎の松は著名な歌枕でもあり、三十六歌仙の源重之《しげゆき》以来、多くの歌人に詠まれた。現在、県指定有形文化財「和歌短冊並びに懐紙」として、天文六年十月十日に大内義隆以下十名が詠んだ和歌懐紙と、天正十五（一五八七）年六月十八日に豊臣秀吉以下六名が詠んだ和歌短冊が筥崎宮に所蔵されているが、これらの歌もすべて箱崎の松を題材として、神を喜ばせる法楽のために詠まれ、神前へと奉納されたものである。

室町時代の連歌師・宗祇《そうぎ》法師も、文明十二（一四八〇）年の筑紫紀行の途上でやはり筥崎宮に参詣して松を歌に詠み、社頭の浜辺に出て美しい博多湾の風景に目を驚かせている。

［水野］

所在地　福岡市東区箱崎一―二二―一
祭　神　応神天皇・神功皇后・玉依姫命
メ　モ　平成二十三年より東公園の亀山上皇銅像の原型である木造亀山上皇立像（県指定有形文化財）が新たに境内の奉安殿に収蔵され、一般に公開されている。

住吉神社《すみよしじんじゃ》

住吉社の始原ともいわれ、豊かな歴史を刻む町中の古社

海上交通の守護神・住吉三神

天神と博多駅という福岡市の二つの繁華街の中間、那珂《なか》川の右岸、複合商業施設キャナルシティにもほど近い町中の社叢《しゃそう》に囲まれて住吉神社は鎮座している。この地は旧那珂郡の住吉村に当たり、現在でこそ一連の市街地を形成しているが、古くは中世以来の都市・博多からも江戸時代の福岡城下からも離れた、神社を中心とする独自の集落であった。

縁起によれば、この地は伊弉諾尊《いざなみのみこと》が黄泉国《よみのくに》から帰ってきた後、禊《みそ》ぎを行った「筑紫の日向《ひむか》の橘の小戸《おど》の檍原《あわきはら》」の故地に当たり、その際に現れたのが祭神の底筒男命《そこつつのおのみこと》・中筒男命《なかつつのおのみこと》・表筒男命《うわつつのおのみこと》の住吉三神であるという。住吉の神は特に海上交通の守護神として古代から信仰され、本神社の他には大阪市住吉区の住吉大社や山口県下関市の住吉神社を始めとする全国の二千余の神社に祀られている。

古くから公家・武家双方の崇敬も篤く、天平・元慶・寛仁の各年代には朝廷より奉幣《ほうへい》があったことが知られる。また当社と周辺の社領は住吉庄と呼称され、鎌倉時代以来、皇室領として伝領され、室町時代は伏見宮家の領地の一つであった。足利氏や一色《いっしき》氏、少弐《しょうに》氏、大内氏といった歴代の武家も社領寄進や社殿造営など、当社の興隆に心

左：一夜の松。社殿側に傾き造営の邪魔になるので切ろうとしたところ，数日で真っ直ぐになったという伝説が残る／右：唐門。18世紀末－19世紀初頭の建立で，当時の姿を留める貴重なもの（福岡市提供）

を配っている。なお、建武三（一三三六）年三月八日付の「足利尊氏寄進状」（住吉神社文書、市指定有形文化財）などに「一宮《いちのみや》」とあり、本社は南北朝時代以来、筑前国の一宮とされていた。

現在の本殿は元和九（一六二三）年の黒田長政の再建によるもので、重要文化財に指定されている。また本殿南側の唐門《からもん》は江戸時代後期の建造と考えられ、近世社寺建築として価値の高い市指定有形文化財。その他、境内南西に位置する能楽殿は昭和十三年落成の本格的な劇場建築として、同じく市有形文化財に指定されている。

和歌・文芸の神として

住吉の神は玉津島明神、柿本人麻呂《かきのもとのひとまろ》と並ぶ和歌・文芸の神としての性格も持ち、中世以来多くの歌人の信仰を集めてきた。当社の所蔵する『松花和歌集』巻第五（市指定有形文化財）は、鎌倉末期成立の私撰集『松花和歌集』全十巻の中で恋の歌を集めた巻五としては全国でも唯一まとまった形で現存する室町時代初期の写本である。同時代の鎮西に所縁ある武家歌人の句が多く収められている点も珍しい。このような貴重な歌集が当社に残されていることと祭神の性格とは、当然関連するものであろう。

また、室町時代の著名な連歌師である宗祇《そうぎ》法師は、文明十二（一四八〇）年の筑紫巡行の中途、七月の博多滞在中に当社に参詣して歌道上達を神に祈念している。参詣時に宗祇は、社殿に傾きかけて造営の支障となった松が、伐採の計画が立つと数日の間に起き直って真っ直ぐになったという逸話を聞き記している。この「一夜の松」の何代目かの子孫は、現在も神木として境内社殿のそばに守り伝えられている。

［水野］

所在地　福岡市博多区住吉三－一－五一
祭　神　底筒男命・中筒男命・表筒男命・天照大神・息長足姫命
メ　モ　現在、本殿は二十五年ごとに式年造替を行い、近年では平成二十一年から二十二年にかけて檜皮屋根の葺き替えや壁面の塗り替えが行われた。

櫛田神社《くしだじんじゃ》

「お櫛田さん」の名で親しまれる博多の町の総鎮守

博多の夏の風物詩・祇園山笠

櫛田神社は福岡市博多区の市街地の中、国体道路の北側、土居通りと上川端商店街に挟まれた境内地に鎮座する。前近代の博多の都市域の中では、博多浜の西端に位置する区域であり、所在地は創建以来変化していないと考えられている。

祭神として正殿に大幡主神《おおはたぬしのかみ》、左殿に天照大神《あまてらすおおみかみ》、右殿に素戔嗚命《すさのおのみこと》の三座を祀る。社伝によれば、櫛田社の創建は天平宝字元（七五七）年で、右殿祇園社は天慶四（九四一）年、藤原純友《すみとも》追討のため鎮西に下向した小野好古《よしふる》の勧請によるという。

博多の夏の風物詩ともいうべき博多祇園山笠行事（重要無形民俗文化財）は、中世以来、祇園社に奉納される祇園会として執り行われてきた祭礼である。また、鎌倉時代の史料には肥前国神埼庄鎮守・櫛田宮を当社の「本宮」とする記述が見え、平安時代末期、神埼庄を始め九州北部に多くの所領権益を持ち、日宋貿易にも関与した平家が、本社の勧請に関与したとの見解も提示されている。

中世には鎮西探題・北条氏や大友氏、大内氏といった博多を支配した歴代の武家により尊崇され、社殿の造営や什《じゅう》物《もつ》の寄進が行われた。社蔵の梵鐘《ぼんしょう》（県指定有形文化財）には、戦国時代末期の天正年間（一五七三－九二）、当時の領主・大友氏の家臣として博多に関与した豊後の武士・綾部氏が奉納

上：拝殿／右：楼門天井にある干支恵方盤。内側に方位，外側に十二支が配されており，その年の恵方（縁起の良い方角）がわかるようになっている

楼門と県指定天然記念物の大銀杏

した旨の銘文が追刻されている。

地域住民に愛され続けるお宮

前代以来の博多津の産土神《うぶすながみ》として、江戸時代には津中氏子より一層の信仰を受けた。土居通り沿いの楼門前に立つ石鳥居は、延宝三（一六七五）年に博多津氏子中の寄進により建造されたもので、境内に現存する石造物の中では最も古い。また回廊周囲に置かれた石灯籠の多くは、十七世紀末以降に津中の町人により寄進された旨の銘がある。さらに元文年間（一七三六－四一）には、同じく氏子の寄進により本殿・拝殿以下の社殿が新しく大規模に造営されたことが知られる。

そのような近世における博多津中と櫛田神社との深い関係性を背景として、神社には近世博多町人の生活や文化を窺い知ることのできる貴重な資料が多く残されている。社蔵の『博多津要録』（県指定有形文化財）は、近世中期に博多年行司として町組織の運営に当たった原田安信が編纂した記録で、寛文六（一六六六）年から宝暦九（一七五九）年までの間に津中に起こった多様な事件が書き留められている。

また境内には文政年間（一八一八－三〇）に「櫛田文庫」が設置された。この文庫は津中町人の協力で開かれ、主として国学関係の典籍を収蔵した施設だった。境内北側、櫛田会館の脇に並ぶ石碑は、文政年間から明治時代までの数次にわたり、住民有志の寄付により飢饉や米価高騰に備えて積み立てられた博多津備荒米《びこうまい》に関する記念碑である。南門近く、児安社《こやす》の傍らには明治二十三（一八九〇）年、松尾芭蕉の没後二百年祭を迎えるに当たり博多の俳人有志が建立した花本大神《はなのもとのおおかみ》（芭蕉の神号）の碑を見ることができる。

［水野］

所在地　福岡市博多区上川端町一－四一
祭　神　大幡主神・天照大神・素戔嗚命
メ　モ　境内本殿裏には石堂社や諏訪社、今熊社など、かつて博多の各町内で祀られていた由緒ある神社や、その境内の石造物が移設されて守り伝えられている。

志賀海神社《しかうみじんじゃ》

海に囲まれて佇む 古代海人の守護神

万葉の昔から崇められる海の神

　博多湾の東の境を玄界灘と分かち、湾を抱え込む腕のように延びた海の中道の突端、福岡市東区の志賀島《しかのしま》は、漁業や海運業に従事する「志賀の海人」の根拠地として、また国内外を行き交う海上航行の要所として知られ、古代・中世・近世に至るまでの歴史上の様々なエピソードに事欠かない。十三世紀の蒙古襲来に際して島が戦場となったことや、天明四（一七八四）年の金印発見も、島の歴史を彩る数多くの事件の一つである。

　島の南東、東は玄界灘に面し、志賀の町に接する丘陵の上に、島民の信仰を集める志賀海神社が鎮座している。神社は古代より海人を統括する阿曇《あずみ》族から奉祀されていたと考えられ、神名は早くは天平年間（七二九－四九）の史料からも確認することができる。中世から近世にかけて島を支配した大内氏・小早川氏・黒田氏といった歴代の領主も神社に庇護を加え、社殿の造営や社領の寄進が行われた。

　中世後期から近世の志賀海神社祭祀の中核を担ったのは、神社の宮司坊職を帯びる吉祥《きっしょう》寺（臨済宗・博多承天寺末）住持であった。中世には宮司坊の他にも大宮司・禰宜《ねぎ》・別当以下の社職を務める社家衆が存在したが、江戸時代前期までにそれら宮司坊以外の社職の実態が失われてしまったことは、貝原益軒《かいばらえきけん》が『筑前国続風土記』において述べる通りだろう。

　その代わりに志賀の集落に住む氏子男子が、大宮司座以下の六つの座に加入し、社人として祭礼などに出仕する古くからの社人座の制度が近年まで志賀には残っていた。社人の臈次《ろうじ》（序列）が完全な年齢階梯《かいてい》制で定められる点など、この宮座《みやざ》組織は古風な点が多

く見られた。

多様な祭礼と収蔵品

現在の志賀海神社では、正月の歩射《ほしゃ》祭《さい》（県指定無形民俗文化財）や春秋の山ほめ祭（同前）を始め、他の神社と比べても数多くの年中祭事が執り行われている。特に隔年で体育の日の前日に行われる神幸行事（同前）では、御仮屋で「龍の舞」や「羯鼓《かっこ》の舞」といった古様な珍しい芸能が奉納される。また八月六、七日の七夕祭では、北崎や玄界島、相島《あいのしま》といった周辺の浦々から多くの漁師が船で参詣に訪れて海上の安全を祈る。このような多様な祭礼行事の基本的な構成は、少なくとも江戸時代の前期までは遡ることができ、かつ同時代においても稀少であったらしく、『筑前国続風土記』でも詳述されている。

神社収蔵品のうち、島内勝馬《かつま》出土の細形銅剣鎔笵残欠《ようはんざんけつ》（銅剣の鋳型）は県指定有形文化財、神社相伝の「志賀海神社文書」は市指定有形文化財、力石は市指定有形民俗文化財。また、重要文化財の鍍金鐘《ときんしょう》（朝鮮半島から伝来した梵鐘《ぼんしょう》）、市指定有形文化財の『絹本著色志賀海神社縁起』は現在福岡市博物館に寄託されている。参道の脇に立つ石造宝篋《ほうきょう》印塔も県指定有形文化財。貞和三（一三四七）年の銘を持ち、全高は三三四・五センチもある大型の石塔である。

［水野］

上：境内の遙拝所。対岸の大嶽神社，遠く伊勢神宮や宮中を拝する場所という
下：歩射祭（福岡県立アジア文化交流センター提供）。破魔と年占の意味を兼ねた神事。的の破片はお守りになるといわれ，弓射が終わると人々は的を破って持ち帰る

所在地　福岡市東区志賀島八七七
祭　神　底津綿津見神・仲津綿津見神・表津綿津見神・玉依姫命・神功皇后・応神天皇
メ　モ　中古より当社は「竜宮」に見立てられ、豊臣期に当社を訪れた細川幽斎は「名にし負ふ龍の都のあととめて波をわけゆく海の中道」の歌を残している。

志式神社《ししきじんじゃ》

福岡市東区の奈多《なた》は海の中道の喉元に位置し、古くから半農半漁を生業とし、江戸時代には塩田も開かれて栄えた土地である。集落の北西方、玄界灘に面し、志賀島《しかのしま》に向かって延びる砂丘の上の松原の中に志式神社は鎮座する。

集落を抜けて車道を渡り、一の鳥居をくぐって参道を進むと、右手に木造平屋の建築が見える。市内に唯一現存する野舞台として市有形民俗文化財に指定された「奈多の志式座」である。この舞台はもと糟屋《かすや》郡久山町の伊野皇大神宮《いのこうたいじんぐう》境内にあったが、明治二十八（一八九五）年に現地へ移された。舞台背面に楽屋、上手に太夫座《たゆうざ》、下手に花道を備えた常設の舞台建築で、現在は四月の初老賀《しょろうが》（厄年を迎えた氏子の厄落とし）と七月の祇園祭の際に利用されている。

［水野］

所在地　福岡市東区奈多1236
祭　神　火明神・火酢芹神・豊玉姫神・十城別神・稚武王・葉山姫神
メ　モ　７月の祇園祭では舞台でお芝居が興行され，境内は大変な賑わいを見せる。

那珂八幡神社《なかはちまんじんじゃ》

博多区の那珂八幡神社は、市指定史跡・那珂八幡古墳の上に鎮座している。この古墳は古墳時代前期に築造された全長八五メートル超、高さ八メートルほどの前方後円墳で、九州では最も古い古墳の一つである。

神社拝殿にはたくさんの絵馬が掲げられており、その多くは氏子子供中によって奉納されている。かつて付近の多くの農村では、年末や正月に村内の子供たちが半紙に刷った馬の絵などを戸別に配って歩き、集めた寄付で絵馬を購入して神社に奉納する「絵馬上げ」という行事が行われていた。それらの多くが失われた中で、那珂八幡神社では現在もなお大晦日に子供中の「絵馬上げ」が続けられており、非常に珍しい。

［水野］

所在地　福岡市博多区那珂１－44－７
祭　神　応神天皇・神功皇后・玉依姫命
メ　モ　那珂八幡神社の他，現在市内では東区馬出の白山神社でも子供中の「絵馬上げ」が行われている。

部木八幡神社《へきはちまんじんじゃ》

九州道・福岡ＩＣにほど近い丘陵の上、部木の集落に隣接して部木八幡神社が鎮座する。この神社は江戸時代、糟屋《かすや》郡蒲《かま》田《た》・戸原《とばら》・江辻・名子《なご》の四カ村の産土神《うぶすながみ》として、九月十九日の大祭には流鏑馬《やぶさめ》の奉納があるほどに繁栄した。

境内地では古墳時代前半期の築造と推測される前方後方墳を含む全九基からなる部木八幡古墳群を観察することができる。

[水野]

所在地　福岡市東区蒲田３－18－８
祭　神　応神天皇・伊弉諾尊・神功皇后・玉依姫神
メ　モ　大規模な流通倉庫が建設されるなど，神社周囲の景観は近年急速に変化しつつある。

日吉神社《ひえじんじゃ》

御笠《みかさ》川流域に散在する日吉山王社の存在は、平安時代この付近（旧席田《むしろだ》郡内）に、同社を鎮守に戴く大宰府観世音寺の料田が置かれたこととの関連性を推測させる。この日吉神社は中でも規模が大きく、現在の比恵《ひえ》という地名の元ともなった。中古、比恵山の下へ社殿が移されていたのを、江戸時代前期に再び山上に遷座したという。江戸時代には疱瘡《ほうそう》除けの神としても信仰を集めた。

[水野]

所在地　福岡市博多区山王１－９－３
祭　神　大山咋神
メ　モ　神社に隣接する山王公園は，春には桜の名所として多くの市民で賑わう。

歌替天満宮《うたかえてんまんぐう》

歌替天満宮は堅粕《かたかす》の家並みの間にひっそりと鎮《しず》まっている。社名は菅原道真公が大宰府下向の途上この地に宿泊し、里人の求めに応じて自身の詠歌を記した短冊を与えたという伝説に由来する。江戸時代には八朔《はっさく》の日、地元はもとより福博からも多くの人々が参詣し、和歌短冊を結び付けた笹を社前に捧げ、他人が奉納した笹を頂いて帰るという歌替祭が行われていた。

[水野]

９月１日の歌替祭の現況（福岡市提供）

所在地　福岡市博多区吉塚３－８
祭　神　菅原道真公
メ　モ　現在も９月１日に氏子や明光寺の僧侶が参列して祭礼が続けられているが，近年は短冊の奉納は稀になった。

警固神社《けごじんじゃ》

福岡市中央区天神の繁華街のど真ん中、ビルと街路に囲まれた都心の空間に警固神社は鎮座する。この神社は慶長年間（一五九六—一六一五）まで福崎の丘陵上、現在の福岡城本丸付近に祀られていたものを、築城に際して黒田氏が一旦は下警固村の山上に遷し、その後現在の社地に新たに社殿を造営したと伝わる。江戸時代には福岡城下東半部の産土神《うぶすながみ》として藩主以下城下の住民に崇められ、九月十九日の大祭には神楽・流鏑馬《やぶさめ》・猿楽の興行があるほどに繁栄した。

神社所蔵の「板絵著色三十六歌仙絵馬」は嘉永六（一八五三）年に氏子が寄進したもの。また福岡市博物館所蔵の木造東照権現坐像は、江戸時代の荒戸山東照宮の御神体で明治以降当社に伝来したもの。いずれも市指定文化財。

［水野］

所在地　福岡市中央区天神２－２－20
祭　神　神直日神・大直日神・八十禍津日神・建角身神・神功皇后・応神天皇・豊玉姫命
メ　モ　警固神社も明治以前は神仏習合の形式をとり，北隣，現在の警固公園敷地には別当寺の真言宗吉祥院が所在していた。

鳥飼八幡宮《とりかいはちまんぐう》

江戸時代、福岡城とその城下の領域には二つの郡が混在していた。つまり東方三分の二は那珂《なか》郡に、西方三分の一は早《さわ》良《ら》郡に属していたのであり、鳥飼八幡宮は城下の早良郡に属する範囲と、城下成立以前から存在した鳥飼村の産土神《うぶすながみ》として人々の崇敬を集めた。

神社の創建年代は不明であるが、草創を神功皇后との由緒に求める縁起が伝えられている。ただし、鳥飼の地に八幡の神が勧請されたことは、中世この地が筥崎宮の領地であったこととも深く関わっているだろう。旧来の社地は現在より南西、鳥飼村の中にあったが、慶長年間（一五九六—一六一五）に黒田長政が、当時は未だ海辺であった現地へ遷したという。

［水野］

所在地　福岡市中央区今川２－１－17
祭　神　応神天皇・神功皇后・玉依姫命
メ　モ　里人が神功皇后に膳部を献じたという伝説にちなみ，旧暦９月18日の秋祭には氏子当番が古式に則り各種の神饌を奉納するという宮座行事が近代まで残っていた。

老松神社《おいまつじんじゃ》

神松寺《しんしょうじ》老松神社は、油山より流れ出て樋井《ひい》川へ注ぐ片江《かたえ》川の西、七隈《ななくま》付近から北東へ延びる丘陵の上に、住宅に取り囲まれて鎮座している。江戸時代は片江村のうち、神松寺の集落の産土神《うぶすながみ》であった。

神松寺の地名はかつてこの地に所在した寺院の名称に由来する。臨済宗神松寺は山号を医徳山と称し、室町時代の永享年間（一四二九－四一）に南谷聖奭和尚が開いた禅寺で、博多承天寺の末寺であった。渡唐天神説話を例に持ち出すまでもなく、禅宗、特に聖一国師《しょういちこくし》の弟子筋と天神信仰とは親しい部分がある。神仏習合の時代、菅原道真公を祀る老松神社も、本来は神松寺の境内に祀られた鎮守社であったと考えられる。寺は江戸時代前期までに廃され、現在その名残《なごり》は老松神社にのみ留められている。

［水野］

所在地　福岡市城南区神松寺１－４－９
祭　神　菅原道真公・老松神
メ　モ　戦国時代，神松寺は領主・大内氏により祈願所にも指定されて繁栄した。神松寺に関連する古文書も一部，現代まで伝えられている。

野芥櫛田神社《のけくしだじんじゃ》

博多の櫛田神社の他に、福岡市内には荒江《あらえ》と野芥《のけ》にも櫛田神社が存在することをご存じでない方もおられるかもしれない。

野芥櫛田神社は早良《さわら》平野の東、油山から北に向かって張り出した丘陵の突端に鎮座する。石段を上ると森閑とした境内には拝殿と本殿が、その他に境内社の恵比寿神社などが祀られている。地域の氏子によって神社の年中行事もよく守り伝えられており、年頭の十日えびすや粥《かゆ》占《うらな》い、夏季の獅子舞などの行事が現在も行われている。拝殿に掲げられた「福岡の変」絵馬は市指定有形民俗文化財。明治十年の西南戦争に呼応して蜂起した福岡士族の反乱「福岡の変」を描いた絵馬としては、市内に唯一現存する重要な文化財である。

［水野］

所在地　福岡市早良区野芥４－24
祭　神　天照大神・大若子命・天児屋根命
メ　モ　県道49号線と交差して野芥櫛田神社の石段下まで直線的に延びる旧道沿いの景観は，古い野芥の集落の面影をよく残している。

紅葉八幡宮《もみじはちまんぐう》

寛文六（一六六六）年、福岡藩三代藩主の黒田光之《みつゆき》は、自身の産土神《うぶすながみ》である早《さわ》良《ら》郡・橋本八幡宮の祭神を新たに百《もも》道《ち》松原に勧請した。これが紅葉八幡宮の草創である。創建当初の境内は唐津街道に面した海側、現在の西新二丁目付近の松原の中に所在した。また、福岡城下の西に新たに置かれた「西新町」も、神社とともに徐々に発展した。『筑前国続風土記』には「紅葉原八幡宮」の名称で記録されており、「紅葉」は「百道」に通じることから用いられた呼称である。

神社が所蔵する「板絵著色三十六歌仙絵馬」二十五点（市指定有形民俗文化財）は、遷座に際して黒田光之が藩御用絵師・小方仲由に命じて描かせ奉納したもので、市内現存の絵馬の中では最も古い時期の作例である。［水野］

所在地　福岡市早良区高取１－26－55
祭　神　神功皇后・応神天皇・玉依姫命ほか
メ　モ　街道の南，祖原山に連なる丘陵上の現地に神社が移転したのは大正２（1913）年と比較的新しい。

猿田彦神社《さるたひこじんじゃ》

福岡市早良《さわら》区の明治通り沿い、藤崎バスターミナルの向かいに鎮座する。江戸時代中期の地誌『筑前国続風土記附録』にも麁原《そはら》村内藤崎の「庚申《こうしん》堂」として、その存在はすでに記録されている。祭神の猿《さる》田《た》彦命《ひこのみこと》は『古事記』に道案内の神として登場し、また境界を司る道祖神信仰や中国道教の思想に由来する庚申信仰とも融合して江戸時代には民間で盛んに信仰された。この地に猿田彦の神が祀られたのは、唐津街道沿いに展開してきた福岡城下の町場とその外部との西の境が、江戸時代中期にはおおよそこの付近であったこととも関わりがあるだろう。

毎年六十日ごとに巡る庚申の日には、災厄が「サル」お守りとして小さな素焼きの猿面が授けられるため、これを目指し多くの参詣客が訪れる。［水野］

所在地　福岡市早良区藤崎１－１－41
祭　神　猿田彦命
メ　モ　近世の庚申信仰を反映し，市内には500基以上の庚申塔が残る。情報は『福岡市の庚申塔』（福岡市教育委員会）に詳しい。

春には桜が境内を彩る（福岡市提供）

鷲尾愛宕神社《わしおあたごじんじゃ》

鎮火・禁断の神を祀る風光明媚な社

室見川《むろみ》の西、標高約六〇メートルの丘の上にある神社。境内から博多湾・福岡市街地が一望できる景勝の地で、花見に訪れる人も多い。

「愛宕さま」として親しまれているが、もともとこの丘に祀られていたのは鷲尾神社。中世の戦乱で衰退していたところへ、寛永十（一六三三）年、福岡藩二代藩主・黒田忠之《ただゆき》が、京都の愛宕神社を勧請して祀った。本来は別個の神社であったのを、明治三十四（一九〇一）年に合併して現在のような社名になった。従って祭神四柱は両社の神を併せている。鎮火・厄除け・開運・商売繁昌の神として広く民衆の崇敬を受け、ことに禁酒・禁煙その他禁断の神として崇められ、今でも願成就には千本旗を奉納する習俗が残っている。

例祭は九月二十三、二十四日であるが、毎月の二十四日を縁日として、その前夜祭の二十三日夜に、明治時代までは博多・福岡の若者たちが男女うち揃い「愛宕さまの月詣り」をしていた。正面の石段が長いので、「女坂」と呼ばれる迂回路もできており、現在では車で神社手前の駐車場まで行ける。正月二十三日には近隣の農家から、着飾った馬を曳いて参詣に来ていたので「馬道」ともいった。

月詣りは廃れたが、それに替わり現在では正月三カ日の初詣でが多く、長い石段が参詣人で埋まる。

［佐々木］

所在地　福岡市西区愛宕二－七－一

祭　神　伊邪那岐尊・天忍穂耳尊・火産霊神・伊邪那美尊

メ　モ　行楽を兼ねた参詣者が多く、境内の茶店で眺望を楽しむ。

飯盛神社《いいもりじんじゃ》

山を御神体と仰ぐ 旧早良郡の総社

早良《さわら》平野中央部、標高三八二メートルの円錐形をした飯盛山を御神体と仰ぐ神社。古くは上宮・中宮・下宮に神宮寺があって三所権現を唱えていた。山頂から永久二（一一一四）年の銘を持つ瓦経《がきょう》が出土しており、信仰対象の山として崇められていたことを裏づけている。現在の本殿は山麓の下宮跡に設けられ、別に中宮社と神宮寺の名残《なごり》の文殊堂がある。

もとは早良郡の総社として広い信仰圏を持ち、近世に入ってからも周辺七カ村の農耕守護神として崇められてきた。例祭は陽暦で四月九日と十月九日。四月は豊作祈願の春祭りで神楽、十月は収穫感謝の秋祭り（おくんち）で流鏑馬《やぶさめ》が行われている。

例祭とは別個で重要なのが二月十四日から三月一日にかけての粥占《かゆうら》で、本来は小正月の行事であるのが月遅れになっている。十四日の深夜に炊いた粥を十五日早朝に神殿に供え、半月後の三月一日の朝にそれを下ろして、粥の表面のカビの生え具合によってその年の農作の吉凶を占う。稲の稔《みの》り、水、風、虫の状態を書き出しておくと、その結果を見ようと近隣の農家からの参詣者が多い。長い歴史を持つ地域農業との関わりである。

粥占。カビの生え方で豊凶を占う

おくんちの流鏑馬も見物人が多く、疾駆する馬上から放つ矢が的に当たると歓声が挙がる。これもまた吉凶占いの一種と見ることができる。［佐々木］

所在地 福岡市西区飯盛六〇九
祭神 伊弉冉命・誉田別命・玉依姫命
メモ 粥占は県無形民俗文化財、流鏑馬は市無形民俗文化財に指定されている。

白鬚神社《しらひげじんじゃ》

豪華な神饌で知られる能古島の守護神

博多湾内に浮かぶ周囲約九キロの能《の》古島《このしま》は、江戸時代には筑前の廻船基地として栄えていた。島の南端にある四つの集落、江ノ口・東浦・西浦・北浦に包み込まれるようにして、島の守護神・白鬚神社がある。

左：「モリモン」と呼ばれる豪華な神饌

白鬚神社の祭神は一般に猿《さる》田《た》彦命《ひこのみこと》とされているが、能古島の場合、『筑前国続風土記』に「神功皇后が異国からの帰り、この島に住吉明神の神霊を残し留めて異国降伏を祈られたので残島といった」と住吉の神（三筒男命《つつのおのみこと》）を挙げている。それに志賀の神（三少《わた》童命《つみのみこと》）が加わっているので、博多湾内にあるこの島の守護神に、漁労と海上輸送に従事する人々の崇敬神が祀られていたということになる。

例祭は十月九日のおくんちと十一月二十八日のオマツリとがあり、おくんちには宮座《みやざ》がある。この宮座の特色はアザ（字）と呼ぶ四つの集落でそれぞれに豪華な神饌《しんせん》を作り、神社に運んで祭典を営むことにある。前日に調整される神饌は、新穀を炊いた御供《ごく》を藁苞《わらづと》で包んだオキョウヅト（御供苞）と、竹串に刺した柿・栗・ミカンをそれぞれ白木の桶に隙間なく盛り付けた大型のモリモン三台を作り、二匹の鯛の口を向かい合わせに藁でくくった「懸鯛《かけだい》」を添えたものである。境内には龍神・山ノ神・恵比寿・金比羅・天満宮・祇園社・彦大権現などの末社があるが、それぞれに小型の神饌が供えられる。

〔佐々木〕

所在地　福岡市西区能古七一九
祭神　神功皇后・三筒男命・三少童命・猿田彦命
メモ　宮座には子供の御幣持ちが付くなど、随所に古い格式が見られる。

太宰府天満宮《だざいふてんまんぐう》

菅公が眠る天神信仰の聖地

篤い信仰を集める天神さま

　学問の神様として全国に知られる太宰府天満宮は、天神さま、すなわち菅原道真公（菅公）を祀る神社である。無実の罪によって大宰府に左遷された菅公は、延喜三（九〇三）年、大宰府の謫居で亡くなった。二年後、墓所の上に門弟・味酒安行《うまさけのやすゆき》が御廟を建立したのが太宰府天満宮の創始といわれ、御墓所の真上が現在の御本殿である。

　一方、菅公の死後、京の都では疫病が流行ったり、天変地異が続いたり、菅公を無実の罪で追い落とした政敵・藤原時平《ときひら》一派が御所で雷に打たれて無残な最期を遂げたりした。真《まこと》しやかに菅公の怨霊が囁かれ、御神託によって京にも菅公が祀られた（北野天満宮）。

　時代を経るごとに天神様は、多くの御神徳が崇められ信仰されている。

　菅公は、当代随一の学者として高名だったことから、学問の神様として崇敬された。文道、和歌、連歌、書道、芸能など、数多の学問的な御神徳が崇められた。またその生涯から、正義の神、誠心の神、弱者救済の神、慈悲の神など、様々な御神徳が信じられ、朝廷、貴族、武士、町人、村人など、あらゆる人々から篤い信仰を集めた。

　菅公が永遠に眠る天神信仰の聖地として、太宰府天満宮は、一一〇〇年前から名にしおう霊験あらたかなパワースポットなのである。

　菅公の御神徳を慕い崇めて、多くの歴史上の人物も太宰府天満宮を訪れている。天神信仰の痕跡は、時空を超え

御本殿と飛梅。飛梅は菅公を慕って，一夜にして京から飛んできたという伝説を持つ

て境内のどこかしこに残されていて、枚挙にいとまがない。

桃山時代の豪壮華麗な建築である御本殿（重要文化財）は、小早川隆景《たかかげ》の寄進。楼門は、もとは石田三成の寄進。他にも国の天然記念物に指定されている境内の樟、九州最古といわれる中世の石鳥居（県指定有形文化財）、志賀社（重要文化財）等々。加えて宝物殿には、国宝『翰苑《かんえん》』を始め、天満宮の歴史や天神信仰を物語る多くの貴重な文化財や宝物が展示されている。

古の大宰府文化を今に伝える祭り

一月七日に行われる鬼すべ（県指定無形民俗文化財）は豪壮な火祭りで、一年間についた嘘を誠に替え難を逃れるという「うそ替え」も同日に行われる。三月第一日曜日には曲水《きょくすい》の宴《えん》が、四月二十日・十一月二十日には天神さまに季節の御衣を奉る更衣祭《こういさい》が行われる。

九月二十一日から二十五日にかけては、神幸式大祭（県指定無形民俗文化財）。菅公の配所だった榎社まで、天神さまを乗せた神輿《みこし》が時代行列さながらに神幸する。榎社では童女の倭舞《やまとまい》が、還りついた御本殿では竹《たけ》の曲《はやし》（県指定無形民俗文化財）が奉納される。二十五日夜には、心字《しんじ》池におよそ千の灯明が灯され、池に特設された舞台で神楽が舞われる千灯明があり、見る者を幻想の世界へと誘う。

今も息づく天神伝説

太宰府天満宮や太宰府地域には多くの天神伝説が残る。御本殿の右手にある梅は、菅公を慕って京から飛んできた伝説を持つ飛梅《とびうめ》。また太宰府名物としてお土産の定番・梅ケ枝餅も、地元のお婆さんが配所の菅公に差し入れしたものに由来する。天神さまや天神信仰にまつわる伝説は、太宰府天満宮のみならず、太宰府の歴史や文化により一層の彩りを添えて、今なお人々を魅了し続けている。【村田】

上：国指定天然記念物の大樟
下：神幸式大祭（お上りの儀）。奥は榎社。天満宮から榎社までの道は，鐘と太鼓の音にちなみ「どんかん道」ともいわれる

所在地　太宰府市宰府四−七−一
祭神　菅原道真公
メモ　現在宮司邸となっている延寿王院には、幕末、八月十八日の政変で都落ちした三条実美以下五卿が滞在した。坂本龍馬ら多くの勤皇の志士がここを訪れ、維新に向けて密議を交わした。

竈門神社《かまどじんじゃ》

神々の伝説に彩られた宝満山にまします女神

大宰府政庁の鬼門を守る

春は桜、秋は紅葉と、四季折々の美しさとその歴史の深さで今も登山客の絶えない宝満山《ほうまん》。その山頂と懐に、宝満山に座す神を祀る竈門神社（上宮・下宮）がある。宝満山を頂きまで登ると、巨岩が居並ぶ山頂に上宮が立つ。眼下には福岡平野、その先には博多湾、玄界灘が広がる。

宝満山は、古《いにしえ》より大宰府の鬼門を守護する山とされた。その鎮護として八百万《やおよろず》の神が祀られたという。大宰府は「賊《あだ》守《おさ》る鎮への城《き》」とされ、それを守護する宝満山の神は、大陸・海外の外敵から大宰府を、ひいては日本を守護するべく祀られた。上宮は、だから海を睨んでいるのだという。

仏教の山、修験の山

遣唐使に派遣される最澄が入唐求法《にっとうぐほう》を祈って宝満山に参籠《さんろう》して以来、宝満山では仏教、特に天台宗が栄えた。最盛期には三七〇に及ぶ坊があったという。またこの山は、修験の山としても知られていて、多くの山伏が修行していた。山中には、修験者が修行する洞窟や磨崖梵字仏《まがいぼんじぶつ》などが残っている。

昭和五十七年、永らく途絶えていた入峰と採灯大護摩供《さいとうだいごまく》が復活した。以来、若葉が萌える五月の第二日曜日・最終日曜日、竈門神社には、山伏のいでたちをした人々が集い、法螺貝《ほらがい》が響く。宝満大菩薩と崇められた山は、山伏が行き交い修験の行が行われ、古のごと

左：採灯大護摩供。人々の願いが書かれた護摩木を火に投じて祈禱する／右：宝満山山頂の巨岩・奇岩の上に立つ上宮（福岡県立アジア文化交流センター提供）

き神の山の面差しを見せる。

神々の伝説が息づく山

宝満山は、古くは御笠《みかさ》山、竈門山とも呼ばれ、神々の伝説が残るロマンの山としても知られる。

神々が生まれた時、産湯に使ったという益影《ますかげ》の井。その水を沸かす竈《かまど》にしたという三つの巨岩で構成される竈門岩。竈門山の名はここからきているという。神武天皇の母である玉依姫《たまよりひめ》が乗った龍馬の蹄《ひづめ》の跡がついたという馬蹄《ばてい》石《せき》。山中のあちらこちらに多くの伝説と縁《ゆかり》の場所が残る。

竈門神社にも次のような伝説がある。天武天皇二（六七三）年、心蓮という僧が宝満山で修行をしていた。満願の朝、ふいに山が揺れたかと思うと、心蓮の前に玉依姫が現れた。玉依姫は、「この山から、異国の賊が国を傾けようと企むのを、海の波や風を起こして妨げ防いできた」と語り、たちまち金剛神に変化《へんげ》して手に錫杖《しゃくじょう》をとり、十神を従え、九頭の龍馬に乗って飛び去った。心蓮はこれを天皇に奏上し、竈門宮が創始されたという。

宝満山の麓に鎮座する下宮

縁結びの神として

一昔前まで筑前地方では、十六歳の春、揃って宝満山に登り、玉依姫に成人の報告をする風習があった。頂上まで登り上宮に着くと、男性は金銭に困らないように、女性は良縁に恵まれるように祈り、縁結びの紙縒《こよ》りを木に結んで帰った。

恋占いをした愛敬《あいぎょう》の岩や再会を祈ったサイカチの木など、山中にある縁結びゆかりのスポットが下宮にも祀られ、竈門神社は上・下宮ともに良縁結びの信仰を集めている。

［村田］

所在地　太宰府市内山八八三
祭　神　玉依姫命・応神天皇・神功皇后
メ　モ　主な行事として、元日の作だめし神事、四月中旬の縁結び大祭、五月第二日曜日の峰入り、最終日曜日の採灯大護摩供、十一月下旬のもみじ祭りなどがある。

王城神社《おうぎじんじゃ》

古代より大宰府を守りし
王城山に鎮まれる神

王城神社は、古くは王城大明神といった。その創始は、昔々、神武天皇が日向より東征の折、大野山（四王寺《しおうじ》山・王城山）に城を構え、事代主命《ことしろぬしのみこと》と武甕槌命《たけみかづちのみこと》を祀って幣帛《へいはく》を捧げ祈念したことに由来するといわれる。この山が王城山ともいわれたのは、先の時、天皇の城すなわち王の城が築かれたことによると伝える。後に天智天皇が大宰府政庁を築いた際、現在地に移されたこの神社は、王城山の神ゆえに王城大明神といわれたという。

　江戸時代に書かれた『王城神社縁起』によれば、代々、大宰府官人の崇敬篤く、また菅原道真公が左遷されて大宰府にいた時、王城の社人は、度々その館を訪ね交わったと記す。

　毎年十一月の第一または第二日曜日に、神社のある通古賀《とおのこが》地区でなされる宮座《みやざ》では、真魚箸《まなばし》神事という古式ゆかしい神事が行われる。座元に掛けられた御神号の前には、御神酒《おみき》・御供《ごく》・懸《かけ》鯛《だい》・鏡餅が供えられる。御神酒が一巡すると、神前の鯛が下げられ、いよいよ真魚箸神事が始まる。鯛に一切手を触れず、真魚箸と庖丁のみで鯛が調理されるのである。地元では座魚《ざうお》といわれ、この神事が今もなお守り伝えられているのは、実に貴重である。

［村田］

真魚箸神事。鯛に手を触れず真魚箸と庖丁だけで捌く（福岡県立アジア文化交流センター提供）

所在地　太宰府市通古賀五－八－四〇
祭　神　事代主命
メ　モ　事代主命は恵比寿とされることから、王城神社でも恵比寿信仰が篤かった。境内には恵比寿の石塔がある。

二日市八幡宮《ふつかいちはちまんぐう》

ＪＲ二日市駅から徒歩四分。旧国道三号線の二日市温泉入口に鎮座する。境内には銀杏（公孫樹）の樹が多く、その一樹が御神木。大きな株から大小の幹が繁茂する。

この御神木には、天正十四（一五八六）年の岩屋城の合戦にまつわる伝説がある。『二日市宿庄屋覚書』によると、高橋紹運《じょううん》を滅ぼした島津勢が、帰途二日市八幡宮に立ち寄り、御神木を切りにかかった。そこへ長百姓《おさびゃくしょう》・宗右衛門の後家の老婆が駆けつけ、「これは氏神八幡宮の御神木。そんなことをしたら天罰をこうむりますぞ」と立ちはだかり、「御神木を切るなら、この婆を切ってからにしなされ」と身をもって御神木を守ったという。この故事から厄除け霊験あらたかな御神木とされる。

［森久実子］

所在地　筑紫野市二日市中央３－６－35
祭　神　応神天皇・玉依姫命・神功皇后
メ　モ　春季大祭（４月第２土曜日）ではおんな神輿、夏季大祭（７月14日）では子供神輿、秋季大祭（10月15日）では御神幸が町を巡る。

御自作天満宮《ごじさくてんまんぐう》

天拝《てんぱい》山の麓にある古刹・武蔵《ぶぞう》寺から少し登った所の「天神の森」にある御自作天満宮。名前の由来は、菅原道真公（菅公）が自ら刻んだという等身大の木座像を御神体とすることによる。武蔵寺に伝わる『武蔵寺縁起』には、菅公が自ら木造を刻む様子が描かれている。讒言によって大宰府に左遷された菅公は、度々武蔵寺に参詣して天拝山に登り、天を拝して無実を訴えたと伝えられている。

天正十四（一五八六）年の岩屋城の合戦で武蔵寺も天満宮も焼失したが、御神体の顔だけは運び出され、後に首から下の部分を作り直して祀られた。毎年一月の初天神祭（二十五日）、春季大祭（四月二十五日）、秋季大祭（十月二十五日）に開帳し、一般公開されている。

［森久実子］

所在地　筑紫野市武蔵623
祭　神　菅原道真公
メ　モ　御自作天満宮の石段の脇にある「紫藤の瀧」は、菅公が天拝山参拝の折に禊ぎをしたという滝。衣を掛けたという衣掛石もある。

筑紫神社《つくしじんじゃ》

粥占祭で知られる「筑紫」国号起源の古社

「筑紫」の名の起こり

JR鹿児島本線の原田《はるだ》駅から北へ十分ほど歩くと筑紫神社。緑豊かな小高い丘の上に社殿がある。

筑前原田は筑後・肥前と接する三国の境で、江戸時代には長崎街道の宿場町として賑わった。一の鳥居から参道を進むと中ほどにある「元禄鳥居」（元禄十二（一六九九）年建立）の脇の道は、昔の街道の名残といわれている。

この神社の歴史は古く、平安時代の『延喜式』神名帳によれば、名神《みょうじん》大社で「筑紫《つくし》国魂《くにたま》の神」を祀り、それが「筑紫国」の名の起こりと伝えている。

祭礼の時などに氏子たちが着るハッピの襟には、「国号起源」「筑紫神社」の文字が見える。「筑紫」という名にこめられた人々の誇りのように。

粥に生えたカビで豊凶を占う

古代から、未来の吉凶を知るための様々な占いがある。その一つ「粥占《かゆうら》」は天候や農作物の出来を占うもので、農民にとって最大の関心事であった。

この神社の粥占祭は厳粛な神事である。「粥入れ」は二月十五日。神井の水で米を洗い、古代からの方法で火をおこす。竈《かまど》で四、五十分間、絶えずかき混ぜながら炊き上げた粥を銅の鉢に丸く盛る。それを柳箸で十文字に区切って、筑前（北）・筑後（南）・豊前（東）・肥前（西）の札を立てる。中心が筑紫神社である。

炊き上がったばかりの神粥は、白く

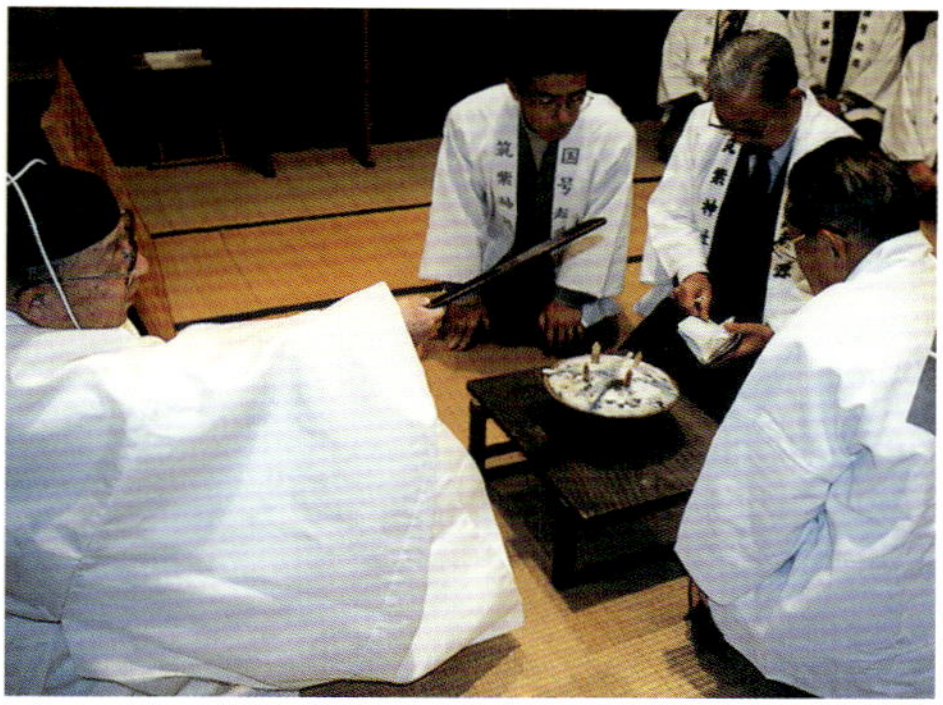

上：粥占祭。カビの生え方を見て評議を行う
左：御神木のオガタマノキ

艶やかに輝いていて「おかゆ様」という昔からの呼び名がぴったりの感じ。木箱に納めたおかゆ様を神事の後に神殿の奥に安置する。

「粥出し」は一カ月後の三月十五日早朝。宮司と氏子代表はおかゆ様の表面のカビの状態を見て稲・麦の作柄、虫害、天候、流行病などについての判断をする。

古式豊かに受け継がれた粥占祭は、飽食の時代に生き、科学万能と錯覚しがちな現代の私たちに、火の神や水の神、さらに八百万《やおよろず》の神々への畏敬の念を思い起こさせる。

境内を彩る古木

神社の周囲には住宅やビルが立ち並び、交通量も多いが、一歩境内に入ると生い茂る樹木の霊気に包まれるのを感じる。樹木の種類が多く、それらが皆、風格のある古木で自ずと心が落ち着く。

御神木のオガタマノキは高さが二〇メートルほどもある大木で、秋になると神楽で用いる鈴に似た形の実をつける。椿は三十種以上もあって、二月末から多様な花をつけ、目を楽しませてくれる。桜の中には「十月桜」という珍しい品種の木があって、十月頃から冬の時期に次々に咲き続け、一、二月頃の花はピンクの色が濃くなるという。

近頃は、若い人の参詣も多くなっているそうだ。日常とは異なった清々しい雰囲気の中で、神に祈り自分を見つめ直すことは、明日へのエネルギーともなるのであろう。

［高瀬］

所在地　筑紫野市原田二五五〇
祭　神　白日別神・五十猛命・玉依姫命・坂上田村麿
メ　モ　粥占祭は市指定無形民俗文化財。いつ頃始まったかは定かでないが、粥を盛る銅鉢には「文化二乙丑年」の銘があり、一八〇五年には行われていたことがわかる。

春日神社《かすがじんじゃ》

樟の巨木が生い茂る
天智天皇ゆかりの社

境内には、福岡県の天然記念物に指定されている樟の巨木が生い茂る「春日の杜《もり》」がある。まさに鎮守の森の風情が漂う古社。

その起源は、中大兄皇子《なかのおおえのおうじ》（後の天智天皇）が長津宮（現在の福岡市南区高宮）におられた時に、春日の地に天児屋根命《あめのこやねのみこと》を祀ったことにあるという。その後の神護景雲二（七六八）年、大宰大弐《だざいのだいに》・藤原田麿《たまろ》が、春日に藤原家の祖神である天児屋根命が祀られていることを知り、参拝の後、大和の国、奈良の春日大社から武甕槌命《たけみかづちのみこと》、経津《ふつ》主命《ぬしのみこと》、姫大神《ひめおおかみ》を勧請して神社を建立した。天正十四（一五八六）年の戦乱で社殿・宝物・文書など一切を焼失したが、江戸時代初期、春日村知行領主・黒田一成《かずしげ》により再興された。平成八年に社殿の総改修と境内の整備が行われた。

春日神社の最も重要な祭事が、毎年一月十四日に行われる「春日の婿《むこ》押《お》し」（重要無形民俗文化財）。氏子中の「三期組合」が主体となって行う「左《さ》義長《ぎちょう》」や「樽せり」「お汐井取り」「婿押し（揉み）」などが複合された伝統行事。見所は、凍てつく寒さの中、締め込み姿の男衆が御池で勇壮果敢に繰り広げる「樽せり」。樽を奪い合い、男衆の上に立ち上がって樽を足で蹴って割り砕き、開運の縁起物とされるその破片を取り合う。

そして拝殿で行われる「婿押し」。花婿を取り囲んで祝い歌を歌いながら揉み合う。前年に結婚した新郎新婦を地域で祝福する通過儀礼で、「若水《わかみず》祭り」とも呼ばれている。

［森久実子］

所在地　春日市春日一－一一〇
祭神　天児屋根命・武甕槌命・経津主命・姫大神
メモ　「春日の杜」には、アオバズクが春から夏にかけて渡来。樟の樹洞に巣を作り、卵を産んで育てる。

現人神社《あらひとじんじゃ》

「現人神社」の名称の起源は、住吉三神と神功皇后の出会いに由来する。記紀神話によると、住吉三神は、伊邪那岐《いざなぎ》命《みこと》が禊《みそ》ぎを行った時に誕生した「禊祓《みそぎはらえ》の神」で、海の神、航海の神ともされる。この三神が、神功皇后の朝鮮出兵の折、荒れ狂う玄界灘の大海原で苦難しているところに姿を現し、船の水先案内を務めた。無事帰還した神功皇后は、その神恩に感謝し、現世に姿を現したことから「現人神」と称し、その御鎮座の地の当宮に「現人大明神」の尊号を授けたという（明治五〔一八七二〕年の太政官布告で現人神社に改称）。

　秋の大祭の「おくんち」では、境内にある土俵で、千数百年の伝統があるという奉納相撲が行われ、勇壮な流鏑馬《やぶさめ》も奉納される。

［森久実子］

所在地　筑紫郡那珂川町仲３－６－20
祭　神　底筒男命・中筒男命・表筒男命（住吉三柱之大神）・神功皇后
メ　モ　奉納相撲は，昔は大人の相撲だったが，現在は子供相撲。10月の第３日曜日に開催され，毎年100人ほどが参加する。

平野神社《ひらのじんじゃ》

牛頸《うしくび》の平野神社は、一条天皇の正暦二（九九一）年頃、西国鎮守、大宰府守護のために京都から勧請されたと伝えられる。祭神の今木神《いまきのかみ》は渡来の神、久度神《くどのかみ》は竈《かまど》の神、古開神《ふるあきのかみ》は斎火などの神、比咩《ひめ》命《みこと》は百済王の血筋を引く桓武天皇の生母と伝えられ、百済系渡来人と、土器の製作に関わる土師《はじ》氏一族によって京都に創建されたという。

　牛頸には、六世紀から九世紀にかけての数百基の須恵器《すえき》窯跡群（国指定史跡）があり、土器の一大生産地だった。平野神社を勧請したのは、渡来系窯業技術集団ともいわれる。現在の社殿は、平成三年に地元出身の有志が寄進。正月や春と夏のお籠もり、秋の収穫を感謝する宮座《みやざ》などの行事が氏子らによって続けられている。

［森久実子］

所在地　大野城市牛頸３－14－１
祭　神　今木神・久度神・古開神・比咩神・仁徳天皇
メ　モ　雑木林に覆われた本殿の裏山はちょっとした散歩道。急斜面の石段を一気に登った頂上に仁徳天皇を祀る奥宮がある。

コラム

神社を歩く

1 鳥居（とりい）

神社の参道や、神域である境内の入口に設けられた一種の門。日常空間と聖域の境界を示す。

2 参道（さんどう）

社殿へと続く参詣道。中央は本来、神様がお通りになる道である。

3 手水舎（ちょうずや・てみずや・てみずしゃ）

参拝前に手を洗い口をすすぐ場所。禊《みそ》ぎを簡略化したもので、心身を清める意味がある。

4 灯籠（とうろう）

境内や参道に設けられた明かりとり。氏子や崇敬者の献灯で設けられることが多い。神事・祭りなどで神様がお出ましする際の目印の意味もある。

5 拝殿（はいでん）

参拝者が神霊を拝んだり、神職が祭祀を行ったりする場所。神域の結界を示す注連《しめ》縄《なわ》が張られ、鈴や賽銭箱が設置されている。

6 本殿（ほんでん）

神霊を奉安する場所。山などを御神体とし、本殿がない場合もある。また本殿と拝殿の間に「幣殿《へいでん》」という神への供物を奉る建物が設けられている神社もある。

7 玉垣（たまがき）

神社の境内や社殿などを囲う垣根・柵で、日常空間と神域を区別する役割がある。斎《い》垣《がき》、瑞垣《みずがき》、神垣などともいう。

8 摂社／末社（せっしゃ／まっしゃ）

本社に付属する小規模な神社。一般に本社の祭神と縁の深いものを摂社、別の本社の分霊を祀るものを末社という。

9 神木（しんぼく）

神霊が宿るといわれる木。松や杉、樟、銀杏など、樹齢数百年の巨木・古木が多い。

【参拝の基本】

①鳥居の前で一礼し、鳥居をくぐる。参道は中央を避けて歩くのが好ましい。
②手水舎で手を洗い、口をすすいで心身を清める。
③拝殿前にて一礼、賽銭を静かに投じ、鈴があれば鳴らす。
④拝礼は二礼二拍手一礼が基本。二拍手の後、手を合わせて祈りをこめる。
⑤参拝後は再び中央を避けて歩き、鳥居を出たら振り返って一礼する。願い事が叶えばお礼参りをする。

イラスト：保坂真紀

宗像・糟屋のお宮

宗像市・宗像大社の辺津宮（木下陽一氏撮影）

高倉神社《たかくらじんじゃ》

巨木に囲まれた男女の地域神を祀る社

旧遠賀《おんが》郡二十一カ村の惣社として崇敬されてきた神社である。『日本書紀』によると、九州の熊襲《くまそ》を討伐するため、関門海峡を渡った仲哀天皇らの船が、山鹿岬《やまかのさき》を回って岡浦《おかのうら》に入ろうとして、船が進まなくなった。水先案内を務めていた地元の豪族・熊鰐《くまわに》は、「この浦のほとりにおられる大倉主《おおくらぬし》・菟夫羅媛《つぶらひめ》という二神のせいです」と答えた。そこで、仲哀天皇が挟杪者《かじとり》倭国《やまとのくに》の菟田《うだ》の人・伊賀《いが》彦《ひこ》に命じてお祓いをさせると、たちまち船は進み、一行は無事に岡浦に上陸することができたという。

社伝では、高津峰に天降りした大倉主命を祀ったのが始まりという。もともとは高倉神社が本宮で、芦屋町の岡湊神社は下宮であった。大倉主命と菟夫羅媛命は神功皇后の朝鮮出兵を守護し、神功皇后摂政二年五月午《うま》の日に勅が下り、高倉の地に社が建てられ、初代神主には伊賀彦が任命されたという。

戦国の戦乱によって社殿が焼失し、豊臣秀吉によって社領も没収されて衰退したが、江戸期になって福岡藩主・黒田長政、光之《みつゆき》の手厚い保護を受けて社殿の修復が行われ、祭儀も復活した。

［河村］

所在地　遠賀郡岡垣町高倉一一一三
祭神　大倉主命・菟夫羅媛命・天照皇大神
メモ　境内の綾杉と大樟は県指定天然記念物。また、室町時代後期の毘沙門天立像は県指定有形文化財。毎年十月八－十日には「高倉おくんち」が開催される。

県指定天然記念物の大樟

岡湊神社《おかのみなとじんじゃ》

様々な伝説に彩られた遠賀川と響灘の守護神

岡湊神社は高倉神社と同じく大倉《おおくら》主命《ぬしのみこと》と菟夫羅《つぶら》媛命《ひめのみこと》の二神を祭神としている。古くは「大倉社」と呼ばれていたというが、後に素戔嗚命《すさのおのみこと》が合祀され、「祇園大倉社」「祇園宮寺」「祇園社」などと呼ばれるようになった。

記紀によると、神武天皇東征の際、菟狭《うさ》（宇佐）から「崗《おか》の水門《みなと》」に至り、「岡田宮《おかだのみや》」に一年滞在したという。仲哀天皇と神功皇后もまた、西征の折、豊浦宮（現下関市）から岡浦《おかのうら》あるいは岡の水門に至ったと記されている。

崗の水門は、遠賀《おんが》川河口左岸の旧天満宮境内（現神武天皇社）に比定され、昭和十六年、そこに「神武天皇聖蹟崗水門顕彰碑」が建てられた。岡田宮の所在地は明らかではないが、岡湊神社の辺りが最有力地であろう。

中世までは岡湊神社の社領は多かったが、戦国の戦乱によって社殿が焼失するなど荒廃し、さらに豊臣秀吉によって社領が没収されて衰微した。江戸時代になって社殿が再建され、延宝六（一六七八）年二月には福岡藩三代藩主・黒田光之《みつゆき》から社領として六千坪の山林を与えられて本格的に復興し、途絶えていた祭儀も復興された。昭和四年三月の大火によって焼失し、昭和九年に再建されたのが現在の社殿である。

［河村］

所在地　遠賀郡芦屋町船頭町一二－四八
祭　神　大倉主命・菟夫羅媛命・神武天皇・素戔嗚命・天照皇大神
メ　モ　例大祭は十月十五・十六日。七月中旬の土日に行われる祇園山笠では、二基の山笠が博多人形を載せて芦屋町内を練り歩く。

宗像大社《むなかたたいしゃ》

国家神として崇められた すべての道を司る神

朝廷から篤く崇敬された三女神

『古事記』『日本書紀』の神話にある、天照大神《あまてらすおおみかみ》と素戔嗚尊《すさのおのみこと》との誓約《うけい》によって誕生した田心姫神《たごりひめのかみ》・湍津姫神《たぎつひめのかみ》・市《いち》杵島姫神《きしまひめのかみ》の三女神を祀る神社である。

この宗像三女神は、天照大神から「汝三神《いましみはしらのかみ》、宜しく道中《みちのなか》に降居《くだりま》して、天孫《あめみま》を助け奉りて、天孫に祭《いつ》かれよ」との神勅を受け、北部九州から朝鮮半島に至る海北道の要衝に鎮座したと伝えられる。北から沖ノ島の沖津宮、大島の中津宮、九州本土・宗像市田島の辺津宮《へつみや》に、それぞれ田心姫神、湍津姫神、市杵島姫神が配祀されている。この三宮を総称して宗像大社という。

古来より国家鎮護・航海安全の神として崇められ、神階は承和七（八四〇）年に従五位に叙され、天慶四（九四一）年には正一位勲一等に叙せられるようになる。宗像三女神を祀る神社は全国で六千余社あり、その総本社である。『延喜式』神名帳には、陸奥《むつ》国から肥前国まで宗像（宗形）神を祀る神社が十三社記載されていることから、古代においてその信仰は全国に流布していたことがわかる。世界遺産となっている厳島《いつくしま》神社も、宗像神を勧請したものである。

海の正倉院・沖ノ島

境内の遺跡として神社の歴史的価値を高めたのは、沖ノ島の祭祀遺跡である。昭和二十九年からの三次にわたる調査によって、巨岩群と、その周辺に所在する祭祀遺跡の実態が明らかになった。遺跡は四世紀後半から九世紀末まで、五百年にわたる祭祀の跡を示す遺構と遺物であり、遺物としては鏡や鉄製品、半島系馬具、金製指輪、龍《りゅう》頭《とう》、唐三彩《とうさんさい》など海外との交流を示す品々、形代《かたしろ》や紡織具など律令国家に至る

辺津宮

過程で整備されていった神祇祭祀の様相を示すものなどがあり、一括国宝に指定されている。このような交流を示す品々やその規模から、沖ノ島の祭祀遺跡を「海の正倉院」とも称している。

上：沖ノ島／左：沖ノ島出土の金銅製龍頭（上）と金製指輪（以上，宗像大社提供）

　大島の御嶽《みたけ》山山頂からも最近、沖ノ島の祭祀遺跡の最後の時期に相当する露天祭祀のものと同様の遺物が確認され、田島の辺津宮の下高宮周辺からも同時期のものが確認されていることから、記紀に書かれている三女神の三宮への配祀が、考古学的見地からも証明されつつある。

連綿と受け継がれる威風

　宗像神を奉斎した宗像氏は古代の有力氏族であり、神郡である宗像郡の大領でもあった。後に宗像氏は大宮司職に任ぜられ、中世以後の戦乱期の有力諸氏の支配下の中でもその地位をよく守り、神社の規模を維持している。

　中世に数多くあった神事は、大宮司家の断絶により神社が衰微したことと、江戸期の神道を中心とした神事への変換により少なくなったが、戦後、中世の御長手《みながて》神事を再興した「みあれ祭」の海上神幸は勇壮な宗像海人族の姿を彷彿させるものである。

　なお、三宮の境内は国指定史跡であり、沖ノ島の原始林は国指定天然記念物にもなっている。辺津宮の本殿・拝殿は重要文化財、中津宮本殿は県指定有形文化財となっている。

〔磯村〕

所在地　宗像市田島・大島・沖ノ島
祭神　田心姫神・湍津姫神・市杵島姫神
メモ　神宝館では国宝である沖ノ島出土品が展示されている。また中世宗像大宮司の活躍を物語る阿弥陀経石、狛犬や古文書なども展示されている。

八所宮《はっしょぐう》

四夫婦八柱の神がましますす
神武東征伝説ゆかりの社

由緒によれば、神武天皇東征の時に当社の神（八神）が顕現《けんげん》し、赤馬に乗り人民を指揮して皇軍を先導したという。この神はその後、清浄の地を求めて吉留《よしどめ》に鎮《しず》まったと伝えられ、赤馬に乗って現れたことから、この地域一体を「赤馬」（後の赤間）と称した。もとは鶺鴒《せきれい》山の麓にあったが、白鳳年間（七世紀後半）に神託により現在の地に遷座したと伝える。祭神は神話に登場する泥土煮尊《ういじにのみこと》・沙土煮尊《すいじにのみこと》・大戸道《おおとどの》尊《みこと》・大戸邊尊《おおとべのみこと》・面足尊《おもだるのみこと》・惶根尊《かしこねのみこと》・伊《い》弉諾尊《ざなぎのみこと》・伊弉冉尊《いざなみのみこと》の四夫婦八柱の神であり、ゆえに八所宮（八神を祀る所の宮）と称するとされる。

当社は、宗像大社の縁起などで宗像一〇八社や七十五社の一つとされる。

古くから近郷十一カ村の鎮守神として崇敬され、代々の藩主からの信仰も篤く、扁額などの奉納も受けている。

古くは神宮寺もあったとされ、当社に伝わる県指定有形文化財の木造十一面観音立像は平安期の作で、寺との関連を想起させる。また、小野東風筆と伝えられる扁額や、慶長年間（一五九六－一六一五）の絵馬などもある。なお、境内のイチイガシを始めとする社《しゃ》叢《そう》は県指定天然記念物となっている。「平和の鐘」と呼ばれる梵鐘《ぼんしょう》は、厳島《いつくしま》神社に奉納されていた応永五（一三九八）年銘のもので、「西海道筑前州宗像郡赤馬庄八所大明神社頭の洪鐘也」とあり、現在八所宮に戻されている。

［磯村］

所在地　宗像市吉留三一八六
祭神　泥土煮尊・沙土煮尊・大戸道尊・大戸邊尊・面足尊・惶根尊・伊弉諾尊・伊弉冉尊
メモ　十月中旬の例大祭の御神幸の大名行列は有名で、深夜にもかかわらず多くの見物人が訪れる。

織幡神社《おりはたじんじゃ》

平安期には宗像五社に数えられ、今も航海の難所を見守る社

『宗像大菩薩御縁起』によれば、神功皇后の朝鮮出兵に際して、従軍した宗像大神の御長手《みながて》（竹竿）に武内宿禰《すくね》が織った赤白二流の旗をつけ、これを上げ下げして敵を翻弄したとする。武内宿禰（大臣）が旗を織ったのが当地であり、ゆえに織幡と名づけられたと伝える。鐘崎《かねざき》周辺の漁民の氏神であり、当地では「シキハンさま」と呼ばれ親しまれている。

記録によれば九世紀後半に正五位下まで神階を上げており、『延喜式』神名帳の名神大社として記載されている式内社である。中世には宗像五社の一つとして、郡内では宗像三宮に次ぐ有力な神社であった。

当社が鎮座する鐘崎周辺の海は航海が難しい海域であり、この海域が見渡せる岬の先端に突出した佐屋形山《さやかた》に当社は所在する。主祭神として武内大臣の他に住吉大神と志賀大神の航海神を祀っていることからも、当社の性格を知ることができる。また、当地の漁民は海人として有名であり、特に海女《あま》は日本海側を北上し、その技法が伝えられている。当社の祭祀は戦前まで、代々壱岐真根子《いきのまねこ》の子孫という壱岐氏が当たってきた。

なお、境内には沈鐘伝説により引き揚げられた巨岩と、武内宿禰が沓《くつ》を脱いで昇天したところという沓塚、昭和初期の海女の姿をした「筑前鐘崎海女像」などがある。

［磯村］

鐘崎近海には大陸伝来の大鐘が沈んでいると長らく信じられ，大正8（1919）年，ついに引き揚げられたが，実は釣鐘ではなく巨岩であった

所在地　宗像市鐘崎二二四
祭　神　武内大臣・住吉大神・志賀大神（後に天照皇大神・宗像大神・香椎大神・八幡大神・壱岐真根子を配祀）
メ　モ　境内のイヌマキ原生林は県指定天然記念物。

宮地嶽神社《みやじだけじんじゃ》

広く親しまれる 開運・商売繁昌の神

祭神の変遷、そして開運の神へ

宮地嶽神社が記録に現れるのは、宗像大社の鎌倉期の年中行事を記す『宗像宮年中諸神事御供下行事』で、宮地嶽明神内に宗像三所大菩薩と勝村大明神の二社があり、神事が同格に営まれていたことを示している。

ただ、『応安神事次第』では宮地嶽明神の祭祀の中心が「宮地嶽祭事」であり、それは宮地嶽の山霊を鎮《しず》める山の神の祭りであること、この祭りが勝村大明神の祭りとされていることから、山霊が勝村大明神という地域神で、そこに宗像郡一帯に神威を及ぼしていた宗像三所大菩薩が加わって宮地嶽明神が成立したと考えられる。

江戸期になると主神を宮地嶽大明神とし、左右に勝村大明神・勝頼大明神を配する形になる。この神々については、神功皇后の朝鮮出兵の折に宗像神が副将軍となり、その下に阿陪丞相《あべのじょうしょう》、藤《ふじ》の高丸《たかまろ》・介《すけ》（助）丸《まろ》がいたが、この阿陪丞相を宮地嶽大明神、高丸・介丸を勝村・勝頼二神としたという。明治初年の神仏分離後の神社帳には、祭神に再び宗像神が現れ、神功皇后・勝村神・勝頼神と宗像三神併祀の形となる。

なお、江戸期の記録には、宮地嶽古墳である不動の石窟や、宮地嶽の山上の古宮のことが記されており、地域神として祀られていた山霊である勝村明

左：日本一といわれる大注連縄／右：宮地嶽古墳の石室（福津市提供）。全長23メートルの横穴式石室。現在は奥の宮三番社の不動神社として祀られている

境内に春の訪れを告げる寒緋桜

神の姿を見ることができる。

現在、祭神は息長足毘売《おきながたらしひめの》命《みこと》（神功皇后）・勝村大神・勝頼大神であり、神功皇后が朝鮮出兵の折、当地に滞在し、宮地嶽山頂に宗像大神を祀り戦勝を祈願し、凱旋の際に宗像大神を奉斎するため当社を創建したとする。後に神功皇后を祀り、勝村・勝頼の二柱の従神を合祀したと伝えている。このことは、歴史的に神郡である宗像郡内に所在する神社として、宗像神との関係が常に問われる中で変遷する神社のあり方を見てとることができる。

先に見たように、江戸期に祭神が変化したことは、当社を修験道の秀岳坊《しゅうがく》が奉祀するようになったことと関係する。この修験者の布教により開運・商売繁昌の神として広く西日本全域に信仰を及ぼし、現在の隆盛の基礎を築いたといえる。

貴重な文化遺産

当社境内には、国指定史跡である津屋崎古墳群の一角をなす宮地嶽古墳がある。古墳は江戸期に開口し、石室内に納められていたとされる金銅装頭椎《かぶつち》大刀《のたち》や金銅製壺鐙《つぼあぶみ》などは昭和初期に確認され、国宝となっている。

当社の本殿は豪壮な造りであり、注《し》連縄《めなわ》は日本一とされる。また毎年九月二十一日から三日間行われる秋季大祭の御神幸祭は、古式ゆかしく王朝絵巻を再現している。

［礒村］

所在地 福津市宮司元町七−一
祭　神 息長足毘売命（神功皇后）・勝村大神・勝頼大神
メ　モ 境内には「奥の宮八社」が祀られ、一社一社をお詣りすれば大願が叶うといわれている。

波折宮《なみおりぐう》

漁民の命を救ったと伝わる海を司る三神

近世津《つ》屋崎《やざき》村・浦共通の氏神で、瀬《せ》織《おり》津《つ》姫神《ひめのかみ》・住吉神・志賀神を祀る。由緒によれば、昔、浦の漁民三人が漁に出て、嵐に遭い船が転覆しそうになった時、三神に祈ったところ、海中から三神が現れ、荒れていた波を折って何とか鼓《つづみ》島に着き、風待ちしている間も三神が現れ食料を与えられ、無事帰ることができた。神が出現した跡に三個の石が残されており、漁民はこの石を持ち帰り御神体として祀ったという。また、嵐の時に神に波を折ってもらい助かったことから、神社を「波折」と名づけたとする。

波乗りうさぎの石像

　また文政七（一八二四）年の『神社縁起』では、「神功皇后朝鮮出兵の帰途、鼓島でこの三神の示現を見たので、津屋崎浦の河原崎に三神を祀った」とする。なお、江戸期の記録には、瀬織津姫神が貴船《きふね》神に代わっているものもあり、当宮が浦の氏神から津屋崎村・浦共有の氏神となった過程で、農耕に関わる貴船神が入ってきたものとされる。現在は菅原神・宇《う》気《け》毛《も》知神《ちのかみ》も合祀している。

　境内には、由緒に関連して奉納された「波乗りうさぎ」がある。

［磯村］

所在地　福津市津屋崎四ー三三ー一
祭　神　瀬織津姫神・住吉神・志賀神
メ　モ　祭礼は七月中旬の山笠神事と十月九日の御神幸が行われている。

守母神社《もりぼじんじゃ》

中世の落城悲話に由来する
子育て、夜泣き止めの神

糟屋《かすや》郡須恵《すえ》町の岳城《たけじょう》山山頂に、戦国時代、高鳥居《たかとりい》城という山城があった。築城は永仁元（一二九三）年、河津筑後守重貞《しげさだ》の手になると伝える。河津氏の後は大内氏の家臣・杉氏が入城したが、天正十四（一五八六）年、島津氏の攻撃に遭い落城。その後は廃城となった。

守母神社の祭神・慈照天眼禅尼《じしょうてんげんぜんに》は、天正十四年のこの戦に由来する。この年島津氏は、九州を統一するため大軍を北上させ、宝満山《ほうまんざん》城、岩屋城を次々攻略、その後高鳥居城も難なく攻め落とした。その折、杉氏の乳母であった天眼禅尼は、城主・杉弾正《だんじょう》の乳呑み児を連れて城を抜け出し、岳城山麓まで落ち延びることができた。追っ手はなおも執拗に追いかけてくるが、その途中、追っ手の目をくらませるために岩陰に隠れた。ところがその時、乳呑み児が泣き出し見つかってしまう。捕らえられた乳母は乳呑み児ともども首をはねられるが、その際、「自分は殺されても、世の中に泣く子がいる限り、その子らのために私は永遠《とわ》に守り続ける」と言い放ったと伝えられる。

　この伝説に基づいて、神社は二人が見つかった場所に建立されたというが、いつ頃建てられたかは明らかでない。

〔加藤〕

子育て，夜泣き止めの信仰が篤く，社殿内には可愛らしい人形が所狭しと飾られている

所在地　糟屋郡須恵町植木
祭　神　慈照天眼禅尼
メ　モ　毎年四月二十三・二十四日に祭礼が行われ、その折には子供を連れて参拝。お札をもらって人形を借り、一年後、借りた人形と新たに買った人形を奉納して、子供の健やかな育成を祈願する。

「九州のお伊勢さん」といわれ，本殿も伊勢神宮と同じ神明造である

伊野皇大神宮《いのこうたいじんぐう》

「九州のお伊勢さん」と親しまれる神さびた佇まいのお宮

伊野皇大神宮（正式名称は天照皇大神宮）の本殿は、伊勢神宮の本殿と同じ造りといわれる。同社の社伝によれば、福岡藩三代藩主・黒田光之が神主、工匠を伊勢に派遣して伊勢神宮の構法を学ばせたという。

創建の時期については定かでないが、貝原益軒《かいばらえきけん》は『筑前国続風土記』で、伊野皇大神宮の創建に関わる人物として豊丹生《ぶにゅう》佐渡守を挙げている。「足利将軍の末の世に当りて、豊丹生佐渡守も、其先祖の如く大神に宮仕へをそし侍りける」とし、都で代々天照大神《あまてらすおおみかみ》に仕える家系の人であったようだ。その佐渡守がある時豊前に左遷、その折神勅が下り、大神を英彦《ひこ》山の麓に奉祀した。佐渡守の死後、奉祀は息子・兵庫大夫に継がれたが、彼にもまた「私を連れて筑前国糟屋《かすや》郡伊野というところに移るように」との神勅が下り、兵庫大夫は伊野にお宮を建てて奉祀した。これが伊野皇大神宮の起源であると貝原益軒は伝える。

古くから武将の信仰が篤く、なかでも黒田氏は代々敬神の念が篤かったという。それにちなんでか、毎年春の大祭には剣道や柔道の奉納試合が開催され、子供たちの勇ましいかけ声が境内にこだまする。

［加藤］

所在地　糟屋郡久山町猪野六〇四
祭神　天照大神・手力雄神・万幡千々姫命
メモ　境内には杉やケヤキの大木が生い茂り、荘厳な雰囲気が漂う。奥宮の裏手が最も「気」を発するところであるという。

太祖神社《たいそじんじゃ》

大杉が聳え立つ 霊山に鎮まる古社

太祖神社は上宮、下宮の二つがある。上宮は標高六八一メートルの若杉山山頂に、下宮は山麓の登山口にある。現在、神社の行事のほとんどは、麓の下宮で行われている。一般の人々が上宮まで参拝に行くのは大変だということで、今では下宮で通常の祈願もできるという。

若杉山山麓に鎮座する下宮

創建については、「太祖神社は当郡の総社にして当村の産神《うぶがみ》なり、鎮座の始めは未詳なれども神功皇后三韓征伐の御祈りありて、凱旋の後、香椎の綾杉を分かちて此の山に植え給える由は『八幡託宣集』に見えたり、いと久しき鎮座なるべし」と社伝に記されているものの、正確な年代まではわからないようだ。いずれにしても、神功皇后が朝鮮出兵に際し必勝祈願をし、凱旋後に戦勝報告をしたということは、その時代、太祖宮はすでにあったということになる。

若杉山は昔から霊山といわれてきた。山の名も、神功皇后が香椎宮から「分け杉」をしたことが転訛したと伝える。中世には修験道で大いに栄え、神仏混淆《こんこう》もあって寺号を延年寺、あるいは太祖寺三蔵院と称し、三百余の僧坊があったという。一般庶民の願い事をするよりも、森羅万象の平和と繁栄を祈禱する場の印象が強いお宮であった。

［加藤］

山頂に鎮座する上宮

所在地　糟屋郡篠栗町若杉一〇四七（下宮）
祭　神　宝満大神・天照皇大神・八幡大神・伊弉諾尊・志賀大神・住吉大神・聖母大神
メ　モ　社蔵の石造狛犬は鎌倉―南北朝期のもので、県指定有形文化財。毎年四月中旬と十月中旬の大祭には、県指定無形民俗文化財の太祖神楽が奉納される。

宇美八幡宮《うみはちまんぐう》

巨樟が林立する境内に 鎮まる安産・育児の神

応神天皇生誕地とされる場所

　宇美八幡宮の創建は、社伝『伝子孫書』によれば、敏達天皇三（五七四）年、応神天皇をこの地に祀ったことに始まるとしている。この宮は「安産の神」として知られるが、安産信仰が始まったのは鎌倉初期（一一八五年前後）頃からという。宇美山誕生寺という別当寺の時代もあったそうだが、それは神仏習合時代の名残《なごり》だろう。

　通常、八幡宮は主祭神を八幡大神（誉田別尊《ほんだわけのみこと》）、すなわち応神天皇とする。その点は宇美八幡宮も変わりないが、この宮は神功皇后が応神天皇を出産した地とされているだけに、境内にはお産にまつわるものが数々あり、それゆえに応神天皇よりも神功皇后を奉る神社の印象が強い。地名の宇美も、皇后の出産「産み」にちなんで付けられたというからなおさらだ。

境内に息づくお産伝説

　さて、境内のお産伝説だが、拝殿の左横に「子《こ》安《やす》の木」がある。『筑前国続風土記』は、「皇后御産の時、産の宮の槐《えんじゅ》に取りすがりて、応神天皇を生み給いける……」と記す。

左：衣掛の森。１本の木であるが，あまりに大きいため「森」と呼ばれる
下：子安の石。妊婦はここから石を１つ持ち帰り，出産後，我が子の名と性別を記した別の石とともに返納する

拝殿右横の大樹は「湯蓋《ゆぶた》の森」である。この樟は、本殿左後方にある「衣《きぬ》掛《かけ》の森」とともに国の天然記念物に指定されている。いずれも一本の樟だが、あまりに巨大なことから「森」と呼ばれるようになった。樹齢はおよそ二千年と推定されている。また、両者を始めとする境内の大小二十五本の樟は「蚊田《かだ》の森」と総称され、県の天然記念物に指定されている。

社殿横の湯蓋の森。その枝葉が応神天皇の産湯を覆ったことに由来する

元禄二（一六八九）年に著された貝《かい》原好古《ばらよしふる》の『八幡本記』には、「神功皇后新羅より帰らせ給い、香椎より巽《たつみ》の方蚊田の邑《むら》に御産舎を営まれ、こもらせ給う、御側に生茂れる樟あり、其の下にて産湯をめさせ給う、其の大木繁茂し枝葉ことにうるわし、後人これを名付けて湯蓋の森と云う、また産衣を掛けたるを衣掛の森と云う、太さ周囲四十数尺……」と記されている。

その衣掛の森の左後方にあるのが「産湯の水」だ。応神天皇が生まれた際、この水を産湯として使ったといわれ、未だに湧き出る自然水とのこと。横の立札には、「妊婦がこの水を頂戴すると安産する」と書いてある。

また、本殿右奥にある聖母《しょうも》宮には神功皇后の神像（県指定有形民俗文化財）が納められていて、二十五年に一度開帳される。本殿左奥の境内末社・湯方《ゆのかた》神社は、皇后のお産を助けた女官を祀ったお宮と伝えられる。今も助産婦たちの信仰が篤いという。

湯方神社の前方には、おびただしい数の丸い石が置かれている。これが「子安の石」である。妊婦はここから石を一つ持ち帰り、お産のお守りとする。そして子供が無事生まれたら、お宮を訪れ子供の成長を願う。その時、別の新しい石に、生まれた子供の性別、名前を書き込み、持ち帰った石とともに返納するしきたりになっている。

〔加藤〕

所在地　糟屋郡宇美町宇美一ー一ー一
祭　神　応神天皇・神功皇后・玉依姫命・住吉大神・伊弉諾尊
メ　モ　境内に隣接して宇美町立歴史民俗資料館がある。また、四月の子安祭、十月の放生会には宇美神楽（県指定無形民俗文化財）が奉納される。

コラム

海の道を司る神々

■古神道のルーツ

「宗像・糟屋のお宮」の章は、海神が大半を占めている。この地域が、古来大陸との交流拠点であったことから、航海の安全を祈禱するのは当然のことであろう。その意味で海の神社が多いのはうなずける。

この祈禱する行為、これが日本の古神道のルーツである。祈禱する場所は海浜であったり、山であったり、樹齢の長い大木、巨大な岩石であったりと、自然が相手であった。そして神が降臨するといわれる磐座《いわくら》の前で巫女が祈禱する。これが日本の古神道の代表的なスタイルだ。

このスタイルは大陸から伝来したものか、日本古来オリジナルな神々との交信法なのか。その点を司馬遼太郎氏は、「もとはシベリアのバイカル湖畔のあたりで起こったもの」と『街道をゆく 二七』（朝日新聞社）の中で指摘する。それによると、「ツングース人の男女の巫人が、単数もしくは複数の楽器を用い、さかんに舞踊してついには憑依状態におちいって戦慄する。そういうシャーマニズムとよばれるものが、はるかに南下して日本列島に入った。縄文後期ぐらいにはすでに存在していたにちがいない」としている。

日本では男性のシャーマンはあまり聞かないが、卑弥呼や神功皇后に代表されるように、神がかりするのはたいてい女性である。巫女《みこ》が神のお告げを受け、それに基づいて行動を起こしていたことは、記紀を始めとする日本の

宗像大社・辺津宮の高宮祭場。宗像大神降臨の地といわれ，古代祭祀の姿を今に伝える祭場

『志賀海神社縁起』第2幅（14世紀。志賀海神社蔵，福岡市博物館提供，山田満穂氏撮影）。中央右隅に阿曇氏の祖神とされる安曇磯良が描かれている

神話や伝説が伝える。

■朝鮮出兵に従った海の神

宗像・糟屋の神々の多くは神功皇后に関わりがあるのだが、それも皇后が神託を受けて行動を起こした朝鮮出兵に由来する。朝鮮出兵に従った海の神々を大別すると、宗像神、住吉神、綿《わた》津見神《つみのかみ》などが挙げられる。

宗像系の総本社・宗像大社の祭神は三女神（『古事記』の表記に従うと多《た》紀理毘売命《きりびめのみこと》、市寸島比売命《いちきしまひめのみこと》、多岐都比売命《たぎつひめのみこと》）である。従って系列社は自ずと三神を祭神とする。この三神は『古事記』によると、「胸形君《むなかたのきみ》のもち拝《いつ》く三《み》前《まえ》の大神なり」とし、胸形（宗像）氏を頂点とする海人集団の祀る神としている。

胸形氏は朝鮮半島へ安全に渡航するルートを熟知していた。そして大和朝廷と緊密な関係を結び、もともと地方神であった三女神は五世紀以降、国家神となった。胸形君徳善《むなかたのきみとくぜん》の娘・尼子娘《あまこのいらつめ》は天武天皇の後宮に入り高市皇子《たけちのみこ》を生んだが、その末裔である高階《たかしな》氏が代々祭祀に関わったという。また、京都御所内にある宗像神社は、平安京遷都の翌年に皇居鎮護の神として勧請されたものである。両神社の存在は、宗像神と中央政権との強い結びつきを端的に示すものといえよう。

一方、綿津見神を奉祭するのが、志《し》賀島《かのしま》を本拠地とする阿曇族《あずみ》である。彼らは海の道を司る一族として朝廷にも仕えた。その阿曇の名が、なぜ全国に広がったのかは判然としない。「新天地を求めて」とか「四世紀に起きた磐《いわ》井《い》の乱で、敗れた筑紫の磐井に味方したため、この地方におれなくなった」との説もあるが、確証はない。いずれにしても何らかの理由により彼らは全国各地に移り住み、長野県の山奥にも「安曇」の名が残っている。［加藤］

由来と作法
神社社務所

糸島のお宮

糸島市・桜井神社（木下陽一氏撮影）

鎮懐石八幡宮《ちんかいせきはちまんぐう》

神功皇后伝説に由来する子授け・安産の神

安政6（1859）年に建てられた九州最古の万葉歌碑

朝鮮出兵の際、臨月を迎えていた神功皇后が、出産を遅らせるため腰に挟んだ石を奉納したという神社である。創建は神社縁起によれば天和三（一六八三）年で、もともと展望所のある高台に社殿があったが、昭和十一年に現在地へ遷座したもの。

鳥居の脇には鎮座の由来を記した鎮懐石碑や、船を繋いだという艫綱《ともづな》石、山上憶良《やまのうえのおくら》の歌を刻んだ九州最古の万葉歌碑がある。鳥居をくぐって石段を上り展望所に出ると、陰陽石と賽《さい》の神を祀ったお堂があり、子授け・安産の神として人気を集めている。

巷説では、朝鮮出兵本営の名護屋《なごや》城にあった秀吉と淀《よど》も子授けの願をかけて参拝し、めでたく懐妊したとされる。子宝を望んでいた二人が、『万葉集』にも詠われた由緒ある神社にご利益を願って参拝したというのも、あり得ないことではないだろう。

江戸時代初期に書かれた黒川道祐《どうゆう》の『雍州府志《ようしゅうふし》』によれば、糸島の鎮懐石は神雷によって三段に分かれ、他の二個は壱岐と京都の月読《つきよみ》神社に奉納されたという。これらの鎮懐石は月延《つきのべ》石とも呼ばれ、子授け・安産の守り石として信仰を集め、特に京都の月読神社は現在でも安産守護の神社として有名である。糸島の鎮懐石信仰が遠く都まで広まっていたことの証《あかし》であろう。

［清原］

昭和11年新築の拝殿床には幅約85センチの松板が使われており，当時周辺に大きな松が多かったことを物語る

所在地　糸島市二丈深江萩原二三一〇－二
祭神　神功皇后・応神天皇・武内宿禰
メモ　桜の名所でもあり、展望所からは玄界灘が一望でき、姫島や唐津、晴れた日には遠く壱岐島まで見渡せる。

広々とした境内に静かな時が流れる

桜井神社《さくらいじんじゃ》

豊かな社叢の中に鎮まる 霊験あらたかな女神

慶長十五（一六一〇）年六月一日早朝から翌二日にかけて桜井里一帯を襲った大豪雨によって、藍園《あいぞの》にあった岩窟が突然崩れ落ち、神が出現して浦新左衛門の妻にかかった。妻女は神託のままに五年間五穀を断って茶と酒だけで精進潔斎し、人々の吉凶を占うようになった。その言はすべて的中し、霊験あらたかだったので、人々は彼女を「浦姫様」と呼んで崇拝した。時の藩主・黒田忠之《ただゆき》は寛永九（一六三二）年、岩戸の前に神殿を造営し、社号を「与《よ》止妃《どひめ》大明神」として篤く保護した。明治二（一八六九）年、桜井神社と改称。

檜皮葺《ひわだぶき》で三間社《さんげんしゃ》流造《ながれづくり》の本殿、拝殿（本章扉写真）、楼門、石橋は県指定有形文化財で、創建時そのままの流麗壮観な姿を今に伝えている。

また、社殿の西南奥の光寿《こうじゅ》山の麓には、寛永二年、忠之が神託により建立した、伊勢神宮の内・外宮を一体化した神明造《しんめいづくり》の桜井大神宮が鎮座する。伊勢の式年遷宮と同様、二十年ごとに社の建て替えが行われていたが、慶応二（一八六六）年をもって廃止。参道には平成五年の伊勢神宮式年遷宮の際に下賜された鳥居が立つ。

桜井神社から北東へ一キロほど行くと、浦姫を祀る浦姫宮もある。忠之は死後、島岡大明神として桜井神社に祀られたが、周囲の女神パワーに圧倒されているのではないだろうか。［清原］

所在地　糸島市志摩桜井四二二七
祭　神　［桜井神社］与止妃大明神・島岡大明神・八所産土大神／［桜井大神宮］天照大神・豊受大神
メ　モ　主な例祭として一月一－三日の元旦祭、七月二日の例大祭（岩戸宮開扉）、例年四月下旬－五月初旬の二見ケ浦大注連縄掛祭（祈年祭）がある。県指定名勝である二見ケ浦は「日本の夕日百選」にも選ばれた夕日の名所として有名。

可也神社《かやじんじゃ》

糸島富士、小富士とも呼ばれる可也山（三六五メートル）山頂近くに鎮座。木立の中の社が、登山者を静謐さの中に迎える。山頂からの眺めは素晴らしく、伝説では神武天皇が国見を行ったとされ、人々の安全を祈願する一字一石法華塔が建立されている。山の南側麓には小富士梅林が広がり、北側の中腹にある親山虚《おやまこ》空蔵堂《くうぞうどう》には平安時代後期頃の作とされる県指定有形文化財の木造十一面観音立像が安置されている。

中腹には花崗《かこう》岩の石切り場跡があり、元和四（一六一八）年、黒田長政がこの石で造った鳥居を日光東照宮に奉納。江戸期の石造鳥居としては日本最大とされる。可也山の花崗岩で造られた鳥居は桜井神社、高祖《たかす》神社、雷山千如《らいざんせんにょ》寺、福岡市の警固《けご》神社にも奉納されている。［清原］

所在地　糸島市志摩小金丸620（可也山山上）
祭　神　神倭磐余彦命（神武天皇）・倉稲魂命・木花開耶姫命
メ　モ　案内板には悲劇の派遣団といわれた，天平８（736）年の遣新羅使による可也山を詠んだ万葉歌が記されている。

六所神社《ろくしょじんじゃ》

神功皇后が祭事を行ったことが創立の起源とされる。創建時は不明だが、享禄四（一五三一）年、大友義鑑《よしあき》の棟札が伝わる。天正年間（一五七三―九二）に一時荒廃したが、寛永八（一六三一）年、黒田忠之《ただゆき》が再興。祭礼日には流鏑馬《やぶさめ》なども行われて大いに賑わったという。

祭神は六柱で、それが社名の由来とも、また管内の神社を統括する「録所」を意味するともいわれる。一帯は大宝二（七〇二）年の日本最古の戸籍に記載された「筑前国嶋郡川辺里《かわのべり》」に比定され、古代志摩《しま》郡の中心地であったと推定される。境内には樹齢千年を超えるという熊野神木・住吉神木と呼ばれる県指定天然記念物の二本の樟の木が聳える。［清原］

所在地　糸島市志摩馬場三四四
祭　神　熊野三神（伊弉冉尊・速玉男命・事解男命）・住吉三神（底筒男命・中筒男命・表筒男命）
メ　モ　当社ゆかりの幣の浜は「日本の白砂青松百選」に選ばれ、大河ドラマ「北条時宗」の蒙古襲来シーンの撮影も行われた。

しとじんじゃ

志登神社

『延喜式』神名帳にも記された旧志摩郡の惣社

『延喜式』神名帳に記載された式内社で志摩《しま》郡の惣社として崇敬を集めたが、次第に荒廃し、元禄三（一六九〇）年、黒田忠之によって再興された。

祭神の豊玉姫《とよたまひめ》は海神の娘で、失くした兄の釣り針を探しにきた彦火火出見《ひこほほでみ》尊《みこと》（山幸彦《やまさちひこ》）と恋に落ち結婚する。二人は三年の月日を海の宮殿で幸せに過ごすが、望郷の念断ち難い彦火火出見尊は、妻を置いて一人故郷に帰ってしまう。すでに子を孕《はら》んでいた豊玉姫は夫の後を追って上陸し、出産した霊地がこの場所であるとされる。ところが、今まさに出産の時、彦火火出見尊は約束を違え、八《や》尋《ひろ》の鰐《わに》になって、のた打ち回る妻の出産場面を覗き見してしまう。正体を見られた豊玉姫は、赤子の鵜葺草葺《うがやふき》不合命《あえずのみこと》を妹の玉依姫《たまよりひめ》に託して海に帰っていった。この玉依姫と鵜葺草葺不合命が結婚して神武天皇が生まれるのである。

古代の糸島半島は東西から割り込む入江によって怡土《いと》と志摩の二郡に分かれていた。神社の周囲は海に囲まれ、昔は海上から参拝するようになっていたようだ。社殿は西面して可也《かや》山に向かい、そこには豊玉姫の孫に当たる神武天皇を祀る可也神社が鎮座する。また、雷山《らいざん》川を挟んだ南には国指定史跡の弥生時代の支石墓群が点在し、古代からこの地が神聖な場所として崇敬を集めていたことが窺える。〔清原〕

所在地　糸島市志登八二
祭　神　豊玉姫命・和多津見神・彦火火出見尊・息長帯姫命・武内宿禰命
メ　モ　周辺には豊玉姫が夫と再会する前に髪を梳ったといわれる「岩鏡」や、足の萎えた人が立ち上がったという「ささやき橋」などがある。

染井神社《そめいじんじゃ》

鬱蒼とした竹藪の中の小道を抜け、神池を渡って石段を上ると、苔むした古い参道が続く。昔は山上に熊野権現の社があったという。

伝説では、神功皇后が新羅に出発する際、勝利を占って山の辺の井戸に白糸の鎧《よろい》を浸すと、鎧は勝利を念じた緋《ひ》色に染まった。それでこの山を染井山と号した。鎧は近くの松の枝に干され、その松は「鎧掛けの松」と呼ばれ、江戸時代初期まで栄えたが、その後枯死してしまったという。現在はその幹株が境内に保存されている。鎧を浸した井戸は神社より西へ約三五〇メートル、染井の神水として大切に守られ、日照りが続いても決して涸《か》れることはないという。小さな鳥居と「けかれの者入《はいる》へ可《か》ら須《ず》」という石碑が、ここが聖地であることを示している。〔清原〕

所在地　糸島市大門672
祭　神　熊野三神・豊玉姫命・彦火火出見尊・息長足姫命・玉依姫命
メ　モ　往時の栄華の跡も今はなく，神池脇にひっそりと佇む２基の小祠と苔むした野仏が，訪れた人を優しく迎えてくれる。

高祖神社《たかすじんじゃ》

高祖山（四一六メートル）南西麓に鎮座。創建時は不明。天平勝宝八（七五六）年、大宰府の守りとして山裾一帯に怡土《いと》城が築かれた。元慶元（八七七）年「従五位下高磯比売神《たかすひめのかみ》」叙位記事があり、主神は彦火火出見尊《ひこほほでみのみこと》であるが、高磯を高祖とも書き、玉依姫《たまよりひめ》と神功皇后も相殿に祀られていることから「比売神」とされたと伝えられている。かつては怡土郡の惣社として崇敬を集めたが、その後は荒廃し、永正二（一五〇五）年、高祖城主・原田興種《おきたね》によって再興された。

深山幽景の佇まいは歴史の重厚さを物語るが、地域の氏神様として人々の生活の中で息づいている。毎年春と秋の大祭には、原田種親《たねちか》が京の能神楽を伝えたといわれる高祖神楽が奉納され、県外からも多くの見物客が訪れる。〔清原〕

所在地　糸島市高祖1240
祭　神　彦火火出見尊・玉依姫命・息長足姫命（神功皇后）
メ　モ　本殿と拝殿は県指定有形文化財。県指定無形民俗文化財の高祖神楽は４月26日と10月25日に境内の神楽殿で奉納される。

細石神社《さざれいしじんじゃ》

伊都国の中心地とされる三雲《みくも》地区に鎮座。創建時期は不明。妹の木花開耶姫《このはなさくやひめ》とともに天孫瓊瓊杵尊《ににぎのみこと》に嫁いだが、容姿が醜いとして退けられた磐長姫《いわながひめ》はこれを恨み、自分を娶れば子は磐の如き永遠の命を得たであろうに、木花開耶姫の子は必ず木の花が散るように衰えていくであろうと呪ったという。死の起源を語る説話の主人公二人が祭神である。旧社名は佐《さ》々《ざ》禮《れ》石《いし》社、国歌「君が代」と関係があるともいわれ、御神体は小石であるという。

木花開耶姫は高祖《たかす》神社祭神・彦火火出《ひこほほで》見尊《みのみこと》の母に当たり、古くは高祖神社の神《み》輿《こし》が御幸し、相撲や流鏑馬《やぶさめ》などが奉納された。境内には彦火火出見尊が生まれた場所にあったという「八大龍王」と呼ばれる石も祀られている。〔清原〕

所在地　糸島市三雲432
祭　神　磐長姫・木花開耶姫
メ　モ　神社付近には伊都国王墓に比定される三雲南小路遺跡や井原鑓溝遺跡があり，この一帯が伊都国の中心部であったと考えられている。

雉琴神社《きじことじんじゃ》

深江《ふかえ》に向かう途中、宿陣した神功皇后の夢枕に日本武命《やまとたけるのみこと》が立ち、賊徒討伐の法を教えた。翌朝、雉子《きじ》の鳴き声を琴の音に聴いて目覚めた皇后は、この地に雉琴神社を建てて日本武命を祀ったという。

拝殿前には空洞化した幹のまま生長し続ける大木が聳え、境内脇には昭和天皇御即位記念として、昭和四年に植樹された樹齢約一八〇年の藤の大樹がある。この藤は夫を救うために人柱となって海に沈んだ日本武命の妻の弟橘媛《おとたちばなひめ》にちなんで「弟橘藤」と命名され、夫婦愛のシンボルとなっている。また、草薙剣《くさなぎのつるぎ》で火を払った日本武命は火傷の神としても信仰を集め、近辺にはあせもに効くという「しょうずの湯」（冷泉）、イボとり地蔵など、美肌に御利益があるという史跡が点在する。〔清原〕

所在地　糸島市飯原2105
祭　神　日本武命
メ　モ　神社の隣に農産物直売所「雉琴の市」があり，湧水「しょうずの水」を店頭で常時汲むことができる（火・木は定休）。また弟橘藤の美しさは糸島地方屈指といわれる。

コラム

神社図鑑

◀**狛犬**（こまいぬ）
神前を守り、魔除けとなる神獣。左右一対で設置される。神社によっては，狛犬の代わりに狐や猿などの神使が置かれているところもある。

▶**神使**（しんし）
眷属（けんぞく）ともいう。一般に，神に付き従う小神，神意を伝える使いとされる。伊勢神宮の鶏，八幡宮の鳩，稲荷社の狐，天満宮・天神社の牛，日吉社・山王社の猿が有名であるが，他にも兎，鹿，蛇，龍，亀などがある。

◀**注連縄**（しめなわ）
稲藁を編んだ縄に紙垂（しで）を垂らし，社殿や斎場，神木などに張ったもの。神聖な場所とそれ以外の結界を示す。正月に家庭に飾る注連飾りは，簡略化あるいは装飾化されたものである。

◀**鈴**（すず）
涼やかな音で神を呼び寄せる，あるいは神に参詣を知らせる意味がある。

▶**賽銭箱**（さいせんばこ）
賽銭は米や農水産物を神前に供える神饌（しんせん）に由来し，貨幣経済が発達するとともに銭貨を奉納するようになった。

◀絵馬（えま）
かつて神の乗り物である馬（神馬）を奉納していたことに由来する。生き馬は高価なため，平安時代頃から，馬形の板に彩色した板立馬や，馬を描いた板で代用するようになったという。現在は，馬に限らず様々な絵が描かれ，さらにそれぞれの願いを書いて奉納するのが一般的である。

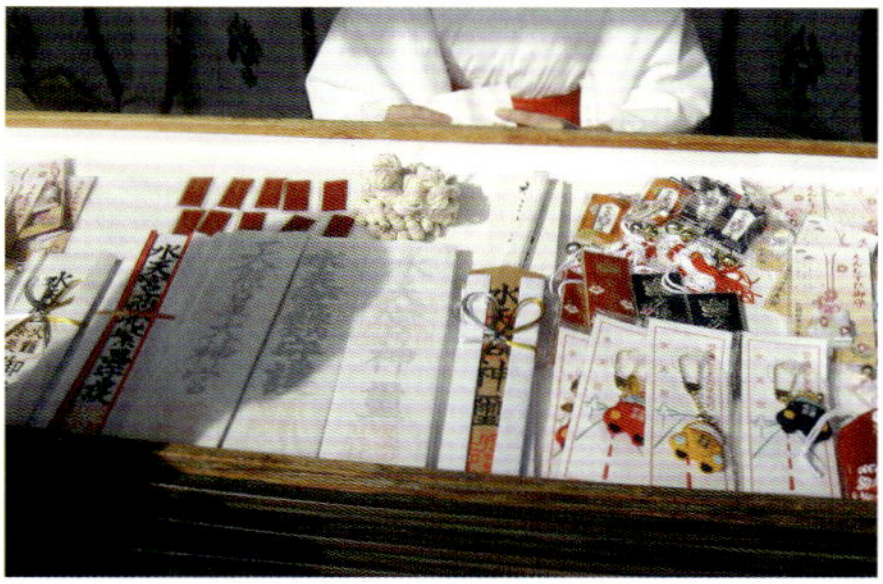

▲玉串（たまぐし）
榊など常緑樹の小枝に紙垂（しで）を結びつけたもので，神事の際，参詣者や神職が神前に捧げる。玉串を捧げ拝礼する儀式を玉串奉奠（ほうてん）という。

▼おみくじ
元来は重要事を決める際にくじを引いて神意を問う占いの一種。現在は参詣者が個人的な運勢を占う形が浸透している。

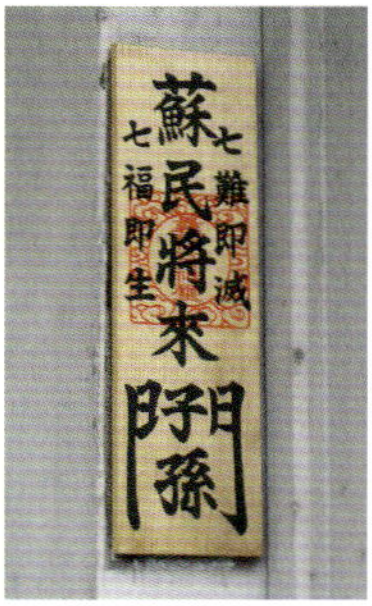

▲神札（しんさつ）
神符ともいう。神社が発行する護符で，身につけたり各家庭で祀ったりして神の御加護や除災を願う。一般に，身につけて持ち歩くものを「お守り」、神棚や床の間に祀ったり、玄関や門前に貼ったりするものを「お札」という。

左の写真は災厄除けのため玄関に貼られたお札。

▶汐井（しおい）
潮井とも書く。神社に参詣する前に海や川の水で身を清める禊ぎに由来する。現在は海や川の砂を採ってきて奉納したり，参詣者の清めに使ったりする。海水そのものを汐井とする地域もある。

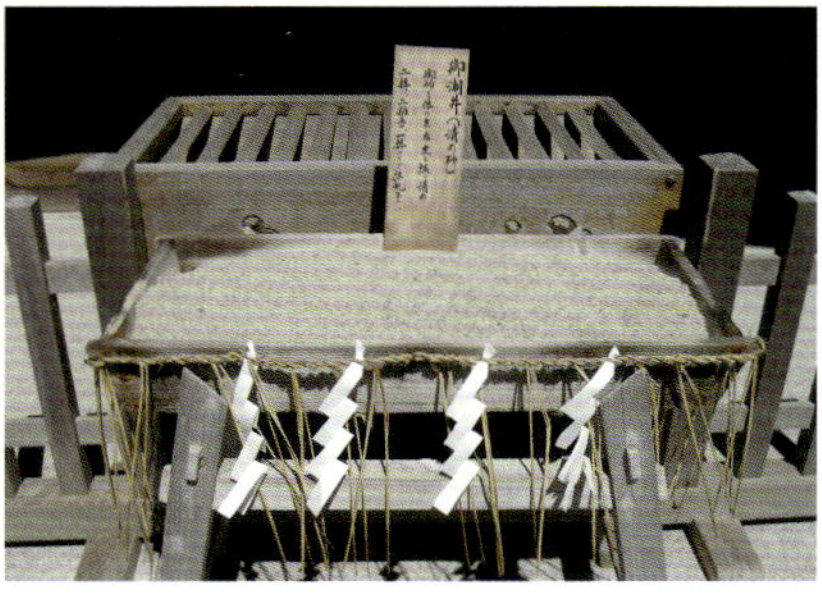

朝倉市・上秋月八幡宮（木下陽一氏撮影）

朝倉のお宮

大己貴神社《おおなむちじんじゃ》

『日本書紀』の記事を裏づける古の社

旧夜須《やす》郡十四カ村の惣社で、『日本書紀』の記事と一致する極めて貴重な神社である。『日本書紀』には「大三《おおみ》輪社《わのやしろ》」、『延喜式』神名帳には「於保奈牟智神社」と記されている。初代の神官は神功皇后に随行して九州に下った大三輪大友主君《おおみわのおおともぬしのきみ》とされ、代々の神官はその末裔といわれる大神氏であった。

『日本書紀』には、「秋九月十日、諸国に令して船舶を集め、兵を訓練された。時に軍卒が集まりにくかった。皇后が言われるには『これは神のお心なのだろう』と大三輪社を建て、刀と矛を奉納なされた。すると軍兵が自然に集まった」と書かれている。

また『筑前国風土記』逸文には、「気長足姫尊《おきながたらしひめのみこと》（神功皇后）が新羅を討つため兵を整備して出発された時に、道の途中で兵士が逃亡してしまった。そのわけを占って尋ね求められると、すなわち祟っている神があった。名を大三輪の神といった。それでこの神の社を建てて、ついに新羅を征服なされた」とある。

大己貴神社の周辺には神功皇后伝承が密集している。神社背後にある山は、その山頂から神功皇后が四方を眺めたため「目配山《めくばりやま》」（四〇五メートル）と呼ぶようになったとされる。山頂には一辺一間（約一・八メートル）ほどの四角い岩があり、神功皇后はその岩の上に立って眺められたと伝わる。

［河村］

所在地　朝倉郡筑前町弥永六九七－三
祭神　大己貴命（大国主命）・天照大神・春日大明神
メモ　周辺は古代遺跡が豊富。仙道古墳は国指定史跡で、周濠から盾持武人埴輪がほぼ完全な形で発掘されている。

中津屋神社《なかつやじんじゃ》

神功皇后の本陣が置かれたと伝わる地

「砥上《とかみ》神社」とも呼ばれる。砥上岳の南麓にある。貝原益軒《かいばらえきけん》は『筑前国続風土記』の中で、「神功皇后が新羅を討とうとなされて、まず諸国の軍衆をこの地に招き寄せられ、『中宿なり』とおっしゃられたので仲ツ屋と号するようになった。そして、軍衆に命じて、各兵器を研ぎ磨かせられた。故に砥上という」と書いている。

　背後の砥上岳の中腹には「ひづめ石」があり、これは神功皇后が乗った馬の蹄《ひづめ》の跡のついた岩であるという。七合目付近には「みそぎのはる」と呼ばれる場所があり、そこで禊《みそ》ぎをしなければ上に登ることはできなかった。八合目付近には「さやん神」という、小石を積み上げた塚らしきものがある。さやん神とは、塞（さい・さえ）の神のことであろう。対馬の古い集落でも祀られている。頂上近くには「かぶと石」があり、神功皇后がこの岩を兜《かぶと》として着用したといわれる。

　砥上岳の山頂には神功皇后が創建したと伝えられる「武宮《たけみや》」という祠があり、武甕槌神《たけみかづちのかみ》が祀られている。武甕槌神は天照大神に命じられて出雲に赴き、大国主命《おおくにぬしのみこと》に「国譲り」を迫ったことで知られている。

［河村］

拝殿に掲げられた絵馬

所在地　朝倉郡筑前町砥上九八〇
祭神　神功皇后・八幡大神（応神天皇）・住吉大神
メモ　宝満山から大根地山、砥上岳、目配山に至るコースは、古代のロマンあふれる筑前の「山の辺の道」である。

社名の通り５つの玉が御神体として祀られている

五玉神社《いつたまじんじゃ》

豊かな自然の中に鎮まる安産・子宝の神

英彦《ひこ》山と宝満《ほうまん》山を結ぶ尾根伝いのルートは、山伏たちの修行の道であった。そのルート上にある三箇《さんが》山もまた、山伏たちの修行場であった。五玉神社の境内には、かつて山伏たちが修行に励んだといわれる滝水もある。

創建の時期は明らかではないが、宝徳四（一四五二）年に建設されたという境内奥の五つの石堂の中には、それぞれ石の玉が御神体として祀られている。

本殿横にある石の玉に女性が座ると、子宝と安産に恵まれるという。また、境内には「黒髪の井戸」という古井戸がある。白い羽のカラスがこの井戸で水浴びをすると黒く染まったという伝説があり、白髪で悩んでいた京の姫君がその噂を聞き、遙々訪ねて髪をすすいだところ美しい黒髪になったといわれている。

［河村］

所在地　朝倉郡筑前町三箇山
祭　神　熊野速玉神・大国主神・事代主神・伊佐奈岐神・天忍穂根神
メ　モ　周辺には、天体観測室やキャンプ場、体験農園などを有する「国立夜須高原青少年自然の家」がある。

須賀神社《すがじんじゃ》

疫病除けの霊験あらたかな甘木の祇園さま

須賀神社といえば、牛頭天王《ごずてんのう》・素戔鳴尊《すさのおのみこと》を祭神とする祇園信仰の神社である。素戔鳴尊は出雲の「須賀」の地に宮を置いたとされている。

甘木須賀神社の祭神は、素戔鳴尊の他、大己貴命《おおなむちのみこと》（大国主命《おおくにぬしのみこと》）・火産霊大神《ほむすびのおおかみ》・櫛稲田姫《くしなだひめ》・少彦名命《すくなひこなのみこと》など、出雲ゆかりの神々である。

博多承天寺の住職であった直翁《じきおう》和尚が唐から帰国し、豊後国に向かう途中、馬場町の甘木山安長寺で病気になり、生死をさまよっていると、夢に素戔鳴尊が現われて回復した。このため、直翁和尚は弟子の宗晋に命じて、応長二（一三一二）年に社殿を建立したという（元応二〔一三二〇〕年説もある）。これが甘木須賀神社の始まりである。

明治の廃仏毀釈までは祇園牛頭天王社と甘木山祇園禅寺が並び立ち、「祇園さま」と呼ばれて地元住民に親しまれた。

朝倉郡の伝統的な名門校である県立朝倉高校の近くにあり、毎年七月十三日から十五日にかけて甘木祇園山笠が行われ、十五日には勇壮な追い山が町内を巡って町中が賑わう。

三間社流造《さんげんしゃながれづくり》の本殿は県指定有形文化財、江戸期に穀物備蓄庫として使われていた社倉とその前に立つ仙厓《せんがい》和尚筆の由緒碑は県指定有形民俗文化財に指定されている。また、境内の大樟は樹齢約七百年といわれ、県天然記念物に指定されている。

〔河村〕

所在地　朝倉市甘木八四二
祭　神　素戔鳴大神・大己貴大神・火産霊大神・櫛稲田姫大神・少彦名大神
メ　モ　大樟の周りを一息で三度回ると、この木を棲家とする白蛇と会うことができ、その人には幸運が訪れるという。

恵蘇八幡宮《えそはちまんぐう》

様々な伝説に彩られた旧上座郡の惣社

朝倉市山田の筑後川中流を見下ろす丘陵地にある。もともと天智天皇が戦勝祈願のために応神天皇を祀って創建した神社とされ、白鳳期（七世紀後半）に斉明天皇と天智天皇が合祀されたと伝わる。

『日本書紀』によると、斉明天皇七（六六一）年、百済を支援するため、斉明天皇は中大兄皇子《なかのおおえのおうじ》（後の天智天皇）以下を率いて九州へ下向した。そして「朝倉橘広庭宮《あさくらのたちばなのひろにわのみや》」すなわち「朝倉宮」を拠点とした。その時「朝倉の社」の木を切り払って宮殿を造ったため、神の祟りを受けて宮殿は破壊され、鬼火が現れ、多くの病死者が出て、斉明天皇も亡くなった。

「朝倉の社」とは、麻氐良《までら》山（二九四・九メートル）の山頂にある麻氐良《までら》布《ふ》神社のことと伝えられている。式内社で、天照大神《あまてらすおおみかみ》を祀っている。

「朝倉宮」は「木の丸殿」とも呼ばれたといい、恵蘇八幡宮境内には「朝倉木丸殿旧蹟」の石碑が建てられている。『新古今和歌集』に収録された中大兄皇子改め天智天皇の「朝倉や木の丸殿にわがをれば名のりをしつつ行くはたが子ぞ」という和歌が有名である。

恵蘇八幡宮は、中世においては広大な神領を有し、上座郡の惣社として人々の信仰を集めた。享保五（一七二〇）年の銘がある獅子頭一対は県有形民俗文化財、境内の大樟は県天然記念物に指定されている。

〔河村〕

所在地　朝倉市山田一六六
祭神　応神天皇・斉明天皇・天智天皇
メモ　恵蘇八幡宮の背後の山上には二つの円墳があり、斉明天皇の遺体を殯葬した「御殯斂地（ごひんれんち）」と伝えられている。なお朝倉宮の所在地については他に朝倉市須川、同市杷木志波などの説がある。

美奈宜神社《みなぎじんじゃ》

神功皇后の羽白熊鷲討伐伝承にまつわる二つの社

2つの美奈宜神社。上は林田，下は荷原

佐田川が筑後川に注ぐ辺り、朝倉市林田の蜷城《ひなしろ》地区にある美奈宜神社は、「林田神社」とも呼ばれる。佐田川・荷原《いないばる》川上流、栗尾山（喰那尾《くいなお》山）の麓にある荷原にも同名の美奈宜神社があり、「栗尾（喰那尾）神社」とも呼ばれる。

『延喜式』神名帳の筑前国下座《げざ》郡の「美奈宜神社三座（並名神大）」が、林田と荷原いずれの神社かをめぐって古来議論されてきたが、現在では両者とも美奈宜神社ということで一応決着している。

神功皇后の羽白《はじろ》熊鷲《くまわし》討伐の伝承と深い関わりがあり、蜷城という地名は神功皇后が巻き貝の河貝子《かわにな》を集めて城を築いたからであるという（『宗像神社縁起』）が、景行天皇の「日代《ひしろ》宮《みや》」に由来するという伝承も残されている。『日本書紀』によると、神功皇后は羽白熊鷲を討った後、「我が心、安し」と語ったため、安（夜須）の地名が生まれたという。

「美奈宜」という名は、神功皇后が喰那尾山の山頂から麓を眺めると素晴らしい景色で、「みな、宜《ぎ》」（すべてが素晴らしい）と称えたことに由来するという。また、美しい水の村を意味するともいわれる。

両社とも十月の秋祭り「おくんち」で獅子舞や御神幸行列が行われ、多くの人で賑わう。

［河村］

所在地　朝倉市林田二一〇／朝倉市荷原二四二一
祭神　［林田］素戔嗚尊・大己貴命・事代主命／［荷原］神功皇后・武内宿禰・天照皇大神・住吉大神・春日大神
メモ　佐田川流域には平塚川添遺跡など多くの古代遺跡がある。

上秋月八幡宮《かみあきづきはちまんぐう》

平安時代中期の天慶二（九三九）年、藤原純友《すみとも》が瀬戸内海の海賊を率いて乱を起こし、大宰府まで襲撃した。追捕使《ついぶし》としてこの地に来た大蔵春実《はるざね》が、神功皇后ゆかりの地とされる「宮の丘」（現在の上秋月八幡宮周辺）で戦運を祈願したところ、無事に乱を平定することができたことから、天慶九年、この地に神社を建立したのがその始まりという。

その後、建仁三（一二〇三）年に秋月氏の祖といわれる秋月種雄（大蔵春実の八世孫）が秋月に移り住み、本殿を造営した。寛永十三（一六三六）年には秋月藩初代藩主・黒田長興《ながおき》が大規模な改修を行い、以後十五年ごとに社殿の改修が行われたという。現在も歴史情緒溢れる秋月で悠久の歴史を刻み、独自の存在感を醸し出している。

［河村］

所在地　朝倉市上秋月1717
祭　神　応神天皇・住吉大神・武内宿禰
メ　モ　「帆船六艘図」や「武芸奉納額」などの絵馬が掲げられ、境内の樹木（杉・銀杏・樟など）は市指定保存樹林。

垂裕神社《すいようじんじゃ》

安政六（一八五九）年、秋月藩十代藩主・黒田長元は、初代藩主・長興《ながおき》没後二百年を迎えるに当たりその顕彰を企図し、「垂裕大明神」の神号を得た。初め上秋月八幡宮の相殿に祀られたが、元治元（一八六四）年、秋月城内の仮御殿に遷座し、さらに明治五（一八七二）年から三年がかりで社殿が建設され遷座した。これが垂裕神社である。現在は長興の他、歴代秋月藩主と夫人、公子や秋月出身の戦没者を合祀している。

神門である「黒門」は、もと秋月氏が拠点とした古処山《こしょさん》城の搦手《からめて》門であったという。その後、秋月城の大手門となり、明治十三年、現在の場所に移築された。参道の石段は「士族坂《さむらいざか》」とも呼ばれ、この神社を守るために力を尽くした秋月藩士の思いを伝えている。

［河村］

所在地　朝倉市秋月野鳥666
祭　神　垂裕大明神（黒田長興公）
メ　モ　本殿・拝殿は重要伝統的建造物群保存地区内の保存物件とされている。また境内は紅葉の名所としても有名。

岩屋神社《いわやじんじゃ》

謎の御神体と山伏たちの修行の場

欽明天皇八（五四七）年のある日、空から輝く石が降ってきた。村人たちはその石を「宝珠《ほうしゅ》石」と呼んで、御神体として祀った。この石を見ると目がつぶれるといわれる、謎の御神体である。合併前の「宝珠山村」という村名は、この宝珠石に由来する。

大化四（六四八）年には「宝珠石を茅薦《かやこも》で包んで祀れ」との神託があり、以来、閏《うるう》年の旧暦九月十九日（現在は十月十九日）に「薦替えの儀」が行われるようになった。かつては夜中に目隠しをし、言葉を発しないよう榊《さかき》の葉をくわえ、手探りで作業が行われていたが、現在は昼間に行われている。

本殿は権現岩のくぼみに造られ、重要文化財に指定されている。上方にある大きな洞窟の中には熊野神社が建てられており、その本殿は同じく重要文化財である。

九州修験道の本山ともいえる英彦《ひこ》山に近いため、山伏たちの修行に関連した遺跡・遺物及び伝承が豊富な地域である。また英彦山には、六世紀半ばのいわゆる「仏教公伝」以前の継体天皇二十五（五三一）年に、後魏の善正上人によって仏教が伝えられ、その翌年に宝珠山宝泉寺大宝院、現在の岩屋神社が開かれたという。

英彦山から宝満山までの峰々のルートは、多くの山伏たちがひたすら修行を行う行者道であった。「宝珠石」伝説もまた、難行苦行に励んだ山伏たちによって生み出された奇跡の一つなのであろう。

［河村］

所在地　朝倉郡東峰村宝珠山
祭　神　伊弉冉尊・伊弉諾尊・天忍穂耳尊
メ　モ　参道入口の一の鳥居には、貝原益軒の妻・東軒の筆による額がある。

魚鳥池神社

コラム

神功皇后ゆかりの神社

■神功皇后の足跡

神功皇后は仲哀天皇の皇后で、名は息長帯比売《おきながたらしひめ》という。仲哀天皇とともに熊襲《くまそ》を討つために筑紫に赴き、香椎宮において天皇が死ぬと神託に従い、臨月にもかかわらず朝鮮へ出兵し、新羅を服属させ、帰途宇美《うみ》において応神天皇を生んだと『古事記』『日本書紀』は伝える。

神功皇后の実在性について疑問視する説も少なくないが、『三国史記』の記事や西暦三九一年に倭の大軍が朝鮮半島に攻め入ったとする「広開土王の碑」などの朝鮮側の記録から見て、歴史的事実を反映しているのではないかとする見解も根強い。それを裏づけるように、福岡県を始め北部九州各地におびただしい神功皇后伝承が残されており、神功皇后を祀る神社も多い。

■神功皇后にまつわる神社

魚鳥池神社（北九州市若松区払川）

初めて九州を訪れた神功皇后は、関門海峡・洞海《どうかい》湾から若松半島南側の江川を通って遠賀《おんが》川河口の岡津（芦屋町）に向かった。ところが川の途中で干潮のため船が動かなくなった。出迎えた地元の豪族・熊鰐《くまわに》は、池を作って魚や鳥を集め、神功皇后の怒りを鎮《しず》めたという。これが魚鳥池《ぎょちょういけ》神社の由来である。

駕輿八幡宮（粕屋町仲原）

身重の体で朝鮮出兵を終えた神功皇

后は、神輿《みこし》に乗って出産のため香椎宮から粕屋《かすや》町の阿恵《あえ》・仲原・旅石《たびいし》を経て宇美に向かった。仲原には、元禄十（一六九七）年に築造された駕輿丁《かよいちょう》池がある。この地の村人たちが神功皇后の神輿を担いだことから、駕輿丁という地名が生まれた。神功皇后が休憩した場所に建てられたのが駕輿八幡宮である。

駕輿八幡宮

宮吉八幡宮（嘉麻市宮吉）

宇美で出産を終えた神功皇后は、ショウケ越《ごえ》を越えて嘉穂《かほ》方面に向かった。この時、遠賀川の上流の宮吉《みやよし》を通過した。その折、皇子の応神天皇が泣き出したので、村人の一人が柳の枝に団子を刺して皇子に献上したという。このため、当地を「ぜぜ野」と呼ぶ。「ぜぜ」とはこの地方の古い方言で、子供が駄々をこねるという意味である。この地にある宮吉八幡宮は「ぜぜ野八幡宮」とも呼ばれ、祭日には村人たちが社殿の後ろで柳の枝に団子をさして食べたという。

八幡古表神社（吉富町小犬丸）

嘉穂から田川・香春《かわら》方面に出た神功皇后は、豊前を船で南下して山国川の河口に寄港した。本文でも紹介している八幡古表《はちまんこひょう》神社（息長大神宮）には、「木造女神騎牛像」と「木造虚空《そら》津《つ》姫《ひめの》命《みこと》立像」が社宝として伝えられている。牛に乗った神功皇后と妹の虚空津姫命の木像で、鎌倉時代の作という。山国川対岸にも古要神社（大分県中津市伊藤田）があり、ともに宇佐神宮の末社とされている。

また、小犬丸には神功皇后ゆかりの「皇后石」があり、船材を吉木村（豊前市）から運んだ時、神功皇后がこの岩の上に立って監督したという。

［河村］

宮吉八幡宮

香春町・香春神社（木下陽一氏撮影）

北九州・豊前のお宮

和布刈神社《めかりじんじゃ》

固有の神事が伝わる 九州最北端のお宮

和布刈神社は九州の最北端に鎮座する神社で、関門海峡に面して社殿が立つ。社伝によると仲哀天皇九年の創立といい、江戸時代までは「速戸社《はやと》」や「隼人社《はやと》」と称され、足利尊氏《あしかがたかうじ》、大内義隆《よしたか》などにより社殿が建造されたといわれる。江戸時代に、細川忠興《ただおき》が豊前の大名として入国すると、和布刈神社など五社を祈願所として定めた。その後、小倉藩主となった小笠原氏からの崇拝も篤かった。

本殿は三間社流造《さんげんしゃながれづくり》の銅板葺《どうばんぶき》で、明和四（一七六七）年、小倉藩四代藩主の小笠原忠総《ただふさ》により建立された。拝殿は明治中期頃の建造で、装飾が多く、屋根に千鳥破風《ちどりはふ》や唐破風《からはふ》を設けた賑やかな造りとなっている。

『李部王記《りぶおうき》』によると和銅三（七一〇）年に始まったという「和布刈神事」（県指定無形民俗文化財）が有名で、旧暦元旦未明の干潮時に狩衣《かりぎぬ》、烏帽子《えぼし》の神官三人が、松明《たいまつ》に先導され、鎌と桶を持って海峡の岩場のワカメを刈り取り神前に供えるもので、豊漁や航海の安全を祈る神事である。

昔は秘儀とされていたが、現在は公開され全国から多くの人が見学に訪れる。また、当神社からワカメが戦国大名の毛利隆元《たかもと》に贈られた時のお礼状（「和布刈文書」市指定有形文化財）が残っている。境内には、細川忠興《ただおき》が献納した石灯籠などが、航海の無事を守るように立っている。

［冨田］

細川忠興献納の石灯籠

所在地　北九州市門司区門司三四九二

祭　神　比売大神・日子穂々出見命・鵜草葺不合命・豊玉比売命・安曇磯良神

メ　モ　旧暦元旦に『和布刈神事』、五月第四土曜日に例祭、五十年ごとに大祭が行われる。

甲宗八幡神社《こうそうはちまんじんじゃ》

歴代領主の篤い信仰を受けた社

甲宗八幡神社は、瀬戸内海国立公園の和布刈《めかり》公園の南にある筆立《ふでたて》山の麓に鎮座し、関門海峡を見下ろす場所に社殿が立つ。社伝によると、平安時代の貞観二（八六〇）年、宇佐神宮にあった神功皇后着用の甲《かぶと》を御神体として祀ったことに始まるとされ、「甲宗」という社名がつけられた。また、門司関六カ郷の総氏神として、この地を支配した門司氏を始め大内氏、毛利氏などの戦国大名、歴代小倉藩主の細川氏や小笠原氏などからも篤く崇敬された。

甲宗八幡神社の社殿は、戦国時代の勢力争いや幕末の豊長《ほうちょう》戦争など何度も兵火に遭い、その都度造営されてきた。現在の社殿は、昭和二十年の空襲により焼失した後、昭和三十三年に再建されたものである。

神社には、建武三（一三三六）年に足利尊氏《あしかがたかうじ》が西国落ちして九州で軍勢を立て直し、上洛する際に義兵成就を祈願するため苅田の領地を寄進した時の「足利尊氏寄進状」などの古文書が保存されており、市有形文化財に指定されている。また境内には、神功皇后が三韓（朝鮮）との交流を祈願したといわれる「三綱石《みつな》」、壇ノ浦の戦いで平家一門を率いて破れた平知盛《とももり》の墓と供養塔、本居宣長《もとおりのりなが》の歌碑、火野葦平《あしへい》や劉《りゅう》寒吉《かんきち》の碑などもある。

十月の大祭には、雨乞いを祈願して優雅に踊る「楠原踊《くすばるおどり》」や、江戸期には甲宗八幡神社の神官を中心とする神楽座により行われていた「大積神楽《おおつみ》」が演じられる。いずれも市の無形民俗文化財に指定されている。

［冨田］

所在地　北九州市門司区旧門司一－七－一八
祭　神　応神天皇・神功皇后・多紀理毘売命・市寸島比売命・多岐津比売命ほか
メ　モ　御神体の甲は五十年に一度公開される。次回の公開は二〇五八年。

淡島神社《あわしまじんじゃ》

日本三大淡島の一つに数えられる女性の守り神

北九州都市高速道路（四号線）に面した奥田峠近くの高台に、美しい社殿が目に入る。この淡島神社は、和歌山市加太《かだ》の淡嶋神社などとともに日本の三大淡島信仰の一社として称えられている。一説によると、天照大御神《あまてらすおおみかみ》の女《むすめ》で住吉大神の后《きさき》となった「あはしま」は、婦人病に罹ったため海に流され、漂い着いた加太に祀られたという。この淡嶋神社を平安時代後期に門司に勧請したと伝えられる。淡島さまの祭日が三月三日であったことから雛祭りと結びつき、女性の幸福を守護すると信じられるようになった。こうした淡島信仰は、中世末から近世にかけて、全国各地に広まったといわれている。また、この神社に夫婦で参ると罰が当たるともいわれている。

現在も、安産祈願や婦人病の平癒などを願い、多くの女性が参拝に訪れる。

神社の主要行事である大祭や祈年祭などは三のつく日に行われる。祭日には、下の堂で僧侶に祈禱してもらい、上の社では神職が祈禱するという神仏習合の風習が残されている。

昭和三十三年に開通した北九州道路の工事に伴い現在地に移転。朱色の鮮やかな社殿は昭和五十九年に改築されたものである。境内には、この石で悪いところをなでると良くなるという「おなで石」や、古代の神への祈りの言葉とされる「ペトログラフ」（古代岩刻文字）が刻まれた岩がある。

［冨田］

所在地　北九州市門司区奥田四－九－五
祭神　少名比古那神
メモ　少名比古那神は裁縫の神ともいわれ、二月八日の針供養では針を針塚（右の写真）に納めて今後の上達を祈る。

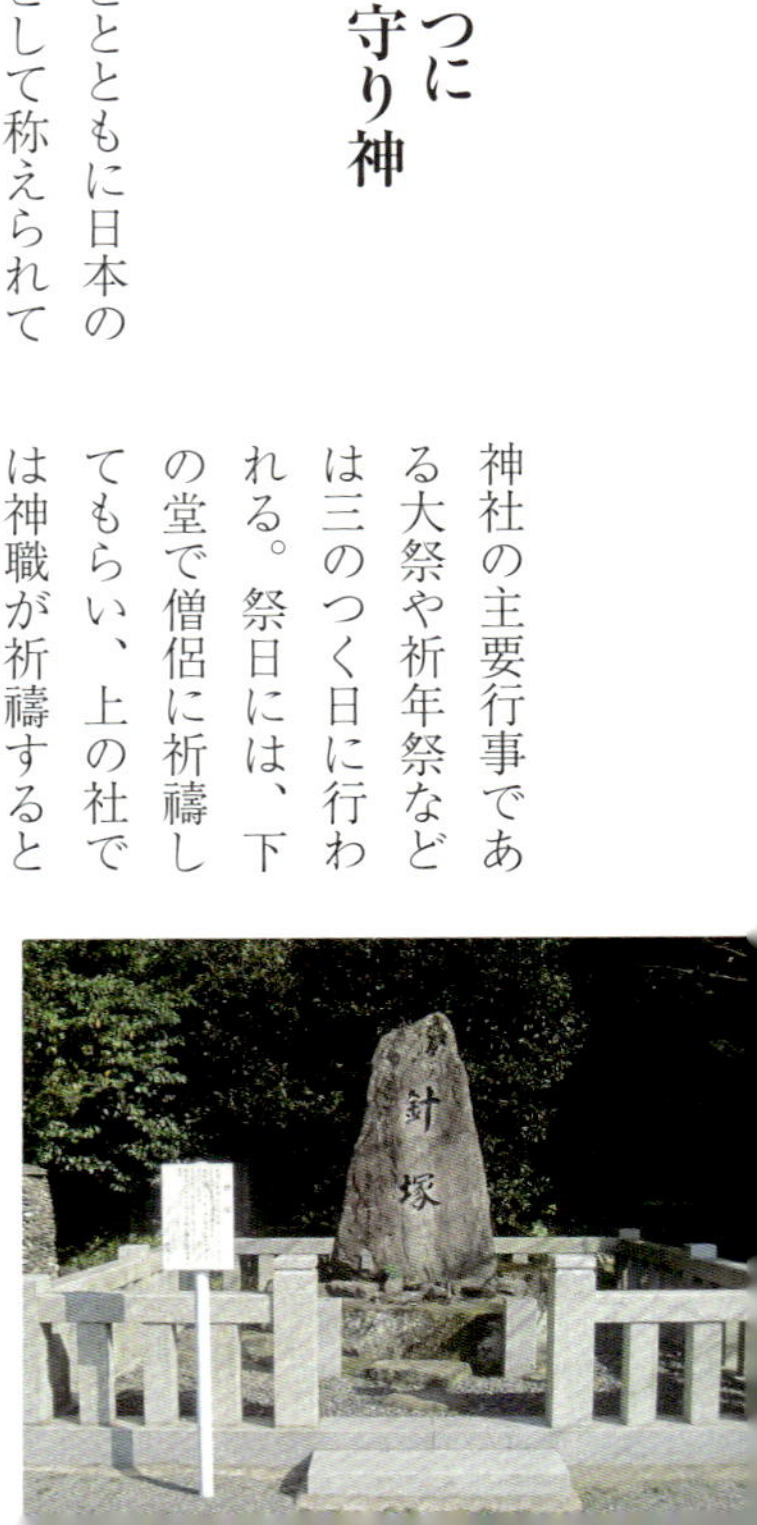

蒲生八幡神社《かもうはちまんじんじゃ》

宗像三女神を祀る 旧豊前国の古社

明治41（1907）年建立の拝殿

小倉と田川を結ぶ国道三二二号沿いに「蒲生社」と刻まれた鳥居が立っており、その西方約六〇〇メートルの場所に社殿が鎮座する。社伝よると、蒲生村虹山の峰に多紀理比売命《たきりひめのみこと》、多岐都《たきつ》比売命《ひめのみこと》、市寸島比売命《いちきしまひめのみこと》の三神（宗像三女神）が天降り、この地を永く護らんと告げたという。虹山に多岐都比売命（南香媛神《みなかひめのかみ》）を祀り、その後、応神天皇、神功皇后を併祀し、「蒲生八幡」と称するようになったという。

室町時代、虹山城主・規矩《きく》氏は、蒲生八幡神社を崇敬し、神領を寄進して神殿を建立した。戦国時代、天正（一五七三−九二）の初めに豊後の大友宗《そう》麟《りん》の兵火に罹り、社殿は焼失した。その後、小倉高浜（現在の井筒屋付近）に住む岩松弥兵衛が社殿を建立し、「規矩八幡」と称するようになった。

江戸時代に入り、細川忠興《ただおき》が小倉城を築城する際、高浜の住民を長浜に移住させた。神社は現在地近くの中島山に遷し、再び「蒲生八幡」と称するようになった。寛永九（一六三二）年に入封した小笠原氏からも尊崇を受け、豊前小倉の六社の一社となり、四代藩主・小笠原忠総《ただふさ》の寄進により本殿が建立された。社殿は、北から本殿・幣殿《へいでん》・拝殿と独立して配置され、豊前地域に多く見られる社殿構成となっている。

［冨田］

明和5（1768）年建立の本殿（市指定有形文化財）

所在地 北九州市小倉南区蒲生五−六−一〇
祭 神 応神天皇・神功皇后・宗像三女神（多紀理比売命・多岐都比売命・市寸島比売命）・大山祇命・細川幽斎公・細川忠興公
メ モ 十月の第一土曜・日曜日に例大祭が行われ、神輿が繰り出される。

岡田宮《おかだぐう》

神武天皇が日向から東征する際、この地に一年間留まって八所の神を祀ったとの言い伝えがあり、「八所神社」ともいわれている。慶長十（一六〇五）年、北西の貞元から黒崎宿を見渡せる現在地に移転し、街道を行き来する諸大名から、旅の安全を祈願する社として尊崇された。現在も黒崎、熊手や田町などの産土神《うぶすながみ》として尊崇されている。

岡田宮の社殿は北を正面に建てられている。本殿は享保三（一七一八）年建立の三間社流造《さんげんしゃながれづくり》の建物で、市内では最も古い本殿の一つである。拝殿は平成二年に再建されている。境内には、慶応元（一八六五）年に岡田宮を参拝した三条実美《さねとみ》の歌碑や、江戸初期の俳人・西山宗《そう》因《いん》らが黒崎の景色を句にした「黒崎十二景」句碑が立つ。［富田］

所在地　北九州市八幡西区岡田町１－１
祭　神　神日本磐余彦命（神武天皇）・大国主命・少彦名命・県主熊鰐命・高皇産霊神・神皇産霊神ほか
メ　モ　７月３－４週目に県指定無形民俗文化財の祇園大祭（黒崎祇園山笠）が行われる。

春日神社《かすがじんじゃ》

古くは「鳥野《うの》春日神社」ともいわれ、地元の豪族・麻生氏により尊崇され、春日大明神を祀ったことから「春日神社」や「春日宮」と称するようになった。江戸時代に入り、黒崎城主の井上周防之房《すおうゆきふさ》によって東川頭《ひがしかわがしら》から山王山（現在地）に移され、福岡藩初代藩主・黒田長政を祀ったことから「黒田大明神」とも呼ばれる。参勤交代の際に歴代の藩主や諸大名も旅の安全を祈願したといわれ、宿場町・黒崎の守護神として尊崇された。

社殿は、三間社流造《さんげんしゃながれづくり》の本殿と切妻《きりづま》屋根の幣殿《へいでん》、入母屋造《いりもやづくり》の拝殿が一体となっており、文久元（一八六一）年の建造という。また、江戸時代末期に狩野派の絵師・尾形洞霄《どうしょう》が黒田長政の重臣を描いた「黒田二十四騎画像」が奉納されており、市有形文化財に指定されている。［富田］

所在地　北九州市八幡西区藤田１－10－44
祭　神　武甕槌命・天児屋根命・経津主命・比売命・黒田孝高公・黒田長政公
メ　モ　７月３－４週目に県指定無形民俗文化財の祇園大祭（黒崎祇園山笠）が行われる。

須佐神社《すさじんじゃ》

「今井の祇園さん」で有名な疫病・災害除けの神

英彦《ひこ》山山系の鷹《たか》ノ巣《す》山に源を発し周《す》防《おう》灘に注ぐ祓《はらい》川の河口、行橋市元永に鎮座する須佐神社は、神仏分離以前には祇園社。インドからの渡来神で、疫病・災害鎮圧に威力を発揮すると信ぜられた祇園牛頭天王《ごずてんのう》を祀る、京都・八坂祇園社を勧請したと伝えられている。

「今井の祇園さん」と呼ばれるのは、祓川の河口両岸一帯を「今井津」と呼んで、瀬戸内へと通じる港湾都市であったことによる。八坂祇園社の勧請は中世とされているが、今井の祇園社は霊験あらたかということで、江戸時代には豊前一円から筑前・筑後にまでその信仰圏を広げ、各地からの「祇園さん参り」が盛んであった。

左：八撥。尸童（神霊が寄りつく人）である稚児を担ぎ川を渡る

七月十五日から八月三日までの祭礼は「二十日祇園」と呼ばれるが、中でも二日の「夜《よ》祇園」は大勢の参詣者で賑わいを見せる。今井祇園祭りの特色は、連歌奉納と山車《だし》と八撥《やつばち》にある。連歌奉納は現在では全国唯一のもので、中世文芸の奥深さをよく留めている。山車には舁《か》き山二基と曳《ひ》き山四基とがあった。曳き山は幟山《のぼりやま》で豊前地方山笠の源流となっており、八撥と呼ばれる稚児を乗せて祓川を渡河していた。現在では幟山が一基だけとなって形ばかり路上を動かし、八撥は若者の肩に乗って渡河をしている。八撥は祇園さまの尸童《よりまし》で、京都八坂祇園の長刀鉾《なぎなたぼこ》に見られる稚児と同系である。

［佐々木］

所在地　行橋市元永一二九九
祭　神　建速須佐之男大神・奇稲田比売大神・八王子大神
メ　モ　もと祓川左岸の今井村にあったが、天正年間（一五七三－九二）元永山に遷座し、妙見社（大祖大神社）と並立している。今井祇園祭りは県指定無形民俗文化財。

生立八幡宮《おいたつはちまんぐう》

神功皇后伝説に彩られた古社

社殿横の大樟は樹齢800年といわれる

県道三四号線を行橋《ゆくはし》から今川に沿って遡ると、喜多良《きたら》川と合流する地点に心地よい緑の空間があり、そこに生立八幡宮が鎮座する。社伝によれば、養老七（七二三）年、犀川《さいがわ》大村地区に創建され、治暦三（一〇六七）年に現在地に移ったのだという。平成筑豊鉄道・犀川駅から徒歩で十分ほどのところである。

「生立」の名の由来は、神功皇后の子・誉田皇子《ほむだのみこ》（後の応神天皇）がこの地にあった霊石と皇后の膝とに手をかけて、生まれて初めて立ったことから、その名がついたとされている。

当社の木造僧形八幡神坐像（県指定有形文化財）は榧《かや》材の寄木造《よせぎづくり》で、胎内銘から応永元（一三九四）年の作であることが知れる。また、拝殿の梁《はり》の間には見事な龍の彫刻が見られる。いつの頃からかこの龍が水を飲みに池へ下りると噂され、鎖で繋がれることとなった。

境内には樹齢八百年といわれる樟の大木が立つ。この御神木にはシーボルトキセルガイと呼ばれる陸棲の巻貝が生息する。神功皇后が大陸から凱旋の途中この地に立ち寄り、軍船に貼りついて皇后軍を守った巻貝をこの樟に放ち、守り神にしたのだと伝えられる。歯の痛みをとる効能があるという。嘉永七（一八五四）年、小倉藩はこの樟を大砲の台木にしようとしたが、氏子に変事が起こるというので伐採はとりやめとなった。

［恒遠］

所在地　京都郡みやこ町犀川生立七
祭神　応神天皇・神功皇后・比売大神
メモ　毎年五月に華やかに繰り広げられる神幸祭は、豊前地方屈指の山笠行事で、県無形民俗文化財に指定されている。

綱敷天満宮《つなしきてんまんぐう》

梅の名所として著名な天神伝説のお宮

「浜の宮」ともいう。昌泰四（九〇一）年、左遷されて大坂から海路大宰府へ向かった菅原道真公（菅公）は、途中周防《すおう》灘で暴風に遭い、椎田《しいだ》の浜に漂着した。その折、二人の漁夫が漁船の綱を敷いて円座とし菅公を迎えた。また、近くの生田教久《いくたのりひさ》宅に休み処を作って、彼をしばし休養させたという。やがて菅公は任地へと赴き、延喜三（九〇三）年、大宰府の地で悲憤を抱えたまま死を迎える。

以後、各地に菅公鎮魂のために天満宮が造られることになったが、綱敷天満宮も天暦九（九五五）年、生田教久の霊夢によって社殿が創建されたといわれ、生田氏の子孫が代々これに奉仕することになる。いうまでもなく「綱敷」の名は船の綱を敷いて菅公を迎えたという故事に由来している。

現在の社殿は、寛永十四（一六三七）年、小倉藩主・小笠原忠真《ただざね》と豊後日出《ひじ》藩主・木下延俊《のぶとし》によって造営されたものである。

元禄七（一六九四）年にこの地を訪れた貝原益軒《かいばらえきけん》は『豊国紀行』に「椎田の西四丁ばかり東の浜に松原あり。其内に綱敷天満宮の社有。海辺佳景なり」と記しているが、眼前に豊前海が広がる境内には今も老松の緑が続き、二月から三月にかけては約千本といわれる梅の花が咲き匂い、多くの人たちの目を楽しませている。

［恒遠］

所在地　築上郡築上町高塚七九四―二
祭　神　菅原道真公
メ　モ　境内の紅梅や白梅は例年二月中旬―三月上旬に見頃を迎え、二月末には梅祭大祭が催される。出店も立ち並び、多くの人で賑わう。

大富神社《おおとみじんじゃ》

宇佐神宮との関係も深い 旧豊前国の大社

国道一〇号線、かつての勅使《ちょくし》街道（中津街道）沿いに「拝松《おがみのまつ》」と呼ばれる松の木が立つ。神護景雲三（七六九）年、皇位を狙う道鏡《どうきょう》の野望を阻止すべく神託確認のため宇佐神宮へ向かった和気清麻呂《わけのきよまろ》が、この場所から大富神社を拝礼し、国家の安穏を願ったのだと伝えられている。大富神社は、この拝松からほぼ南へ一キロほどのところにあり、旧豊前国の大社である。

社伝によれば、白鳳元年（七世紀後半）に創建されたという。室町時代から明治時代までの棟札十一枚が所蔵されていて、数次の造営・修理の経過を知ることができるが、享禄三（一五三〇）年の棟札が年号の明らかな最古のものである。古くは宗像大神を祀り、後に八幡大神、住吉大神（大富大神）を合祀したといわれている。住吉大神については貞享四（一六八七）年以降の棟札にその名が見える。

天平年間（七二九－四九）以来、天皇の使いである宇佐使が宇佐神宮へ詣でたが、宇佐宮弥勒《みろく》寺領の山田荘にあり、同荘の鎮守八幡社であったこの社は、その宿泊地として利用された。勅使が炊事や茶湯のために使ったという「勅使井」が境内に残されていて、今も十年に一度の宇佐神宮の勅使奉幣《ほうへい》祭には、この井戸の水が供えられている。

【恒遠】

所在地　豊前市四郎丸二五六
祭神　住吉大神・宗像大神・八幡大神
メモ　四月三十日・五月一日に催される春季神幸大祭は、船歌の唱和、感応楽（隔年開催）の奉納に始まり、神輿、大船形、岩山、飾山、踊り車などが市中へ繰り出して大いに賑わう。神幸祭、感応楽はそれぞれ県無形民俗文化財に指定されている。

国玉神社《くにたまじんじゃ》

修験道場として栄えた神の山に鎮まる社

求菩提山山頂に鎮座する上宮

国玉神社は、求菩提《くぼて》山八合目に中宮がある。さらにそこから、鬼が一夜のうちに築いたという約八五〇段の石段を登りつめると、山頂の上宮に達する。

国玉の名は大己貴神《おおなむちのかみ》すなわち顕国霊神《あきつくにたまのかみ》に由来する。明治になって誕生した神社である。

かつてそこには天台宗護国寺があった。十二世紀半ば、宇佐郡出身の僧・頼厳《らいげん》によってこの地に修験道がもたらされ、護国寺を中心に多くの山伏たちが棲みついて厳しい修行に挑んだ。明治元（一八六八）年、新政府の発した神仏分離令は、巷では「廃仏毀釈」と呼ばれる仏教排斥運動として展開され、仏像仏具の類は捨てられ焼かれ壊され、求菩提山護国寺は廃寺となり、代わって国玉神社が建立された。また明治五年には修験道廃止令が出され、修験道は歴史の表舞台からひとまず姿を消すこととなる。

鬼が一晩で築いたと伝わる石段

国玉神社周辺には、その昔「一山五百坊」といわれて山伏たちの暮らしの場となった坊跡、山を統轄した座主《ざす》の館跡や墓地、禊《みそ》ぎ場、護摩《ごま》場跡、修行や納経の場となった洞窟（大日窟・普賢窟・吉祥窟・多聞窟・阿弥陀窟）、三十三観音石像、鬼神社、愛宕《あたご》社等々、現在なお数多くの修験道遺跡が残されていて、往時を偲ばせる。〔恒遠〕

所在地　豊前市求菩提
祭神　顕国霊神・伊弉諾神・伊弉冉神
メモ　毎年三月二十九日、国玉神社中宮前でお田植祭（松会）がとり行われ、年に一度だけ求菩提の山はかつての賑わいを取り戻す（県指定無形民俗文化財）。

八幡古表神社《はちまんこひょうじんじゃ》

神が舞い、相撲をとる
古式ゆかしい神事

山国川の河口西岸に堂々とした社殿が立つ。その出発は定かでないが、縁起によると、欽明天皇六（五四五）年、山国川の畔に住む玉手翁《たまてのおきな》という者が白雲に乗った神女に出会い、その神託により息長帯比売《おきながたらしひめ》（神功皇后）を祀る社殿を造営、息長大神宮と称したのが始まりだという。一説に海人族系の人たちが神功皇后を海神として祭祀したのではないかといわれている。神社には牛にまたがった女神像（木造女神騎牛像、重要文化財）があるが、それは祭神の神功皇后だとされる。

養老四（七二〇）年、南九州で隼人《はやと》の乱が起こり、宇佐八幡を中心とする豊前国の神軍が官軍とともに隼人討伐に向かったが、戦いは困難を極めた。その折、八幡神の託宣により、美男美女の姿を木像に表し、それを操って伎楽を奏し、戦場で盛大な祭りを催した。祭りの賑わいは敵の城まで伝わり、隼人が油断するのを狙ってこれを討ち果たしたのだと伝えられている。

天平十六（七四四）年、死んだ隼人の霊を慰め殺生の罪障《ざいしょう》を除くために宇佐神宮を中心に放生会《ほうじょうえ》が始まった。息長大神宮もそれに参加し、そこで傀儡《くぐ》子《つ》（操り人形）による細男舞《くわしおのまい》を奉納した。その様子がそっくり古《いにしえ》を表すものであったところから「古表神社」の名がつけられたといわれている。

［恒遠］

神相撲（福岡県立アジア文化交流センター提供）。傀儡子（操り人形）の神々が相撲を繰り広げる

所在地　築上郡吉富町小犬丸三五三－一
祭神　息長帯比売命・虚空津比売命
メモ　四年に一度行われる放生会の際には、傀儡子による細男舞と神相撲とが奉納される（重要無形民俗文化財）。相撲もまた鎮魂儀礼の一つである。

風治八幡神社《ふうじはちまんじんじゃ》

神功皇后伝説と川渡り神幸祭

当社は旧来田川郡上伊田《かみいた》村・中伊田村・下伊田村の地主神で、「伊田大神」と呼ばれていた。鎌倉初期、宇佐弥勒《みろく》寺領となり、伊田別符として荘園鎮守神に八幡神三柱が勧請された。風治八幡神社の社号は、祭神の神功皇后が筑紫より長門《ながと》国豊浦へ向かう途中、にわかに風雨が起こったのでこの社の境内にある大石に腰掛け、天神地祇と伊田大神に祈ると風雨が治まったという神功皇后伝説から付けられたもの。

有名な川渡り神幸祭は、本社の御神幸と境内社・須佐神社（祇園社）の祇園祭りとが習合したもので、言い伝えに永禄年間（一五五八－七〇）、悪疫流行の際に万年願《まんねんがん》として奉納されたとあるのが祇園祭りであろう。明治初期の記録では御神幸は三月十五・十六日となっているが、獅子楽《ししがく》と山鉾《やまぼこ》二基が随伴している。現況から見て上伊田が獅子楽、中伊田・下伊田が山鉾を出していたものと思われる。その後炭鉱の開発に伴い町数が増え、山鉾の数も増加した。

現在では五月第三土曜・日曜に行われているが、神輿《みこし》に十台前後の山鉾が随伴して彦山《ひこさん》川を渡り、対岸のお旅所まで往復する。山鉾は豊前系の幟山《のぼりやま》で、館《やかた》の屋根に幟と高い鉾を立て、鉾の中央部に取り付けた色鮮やかなバレンを風になびかせながら、次々と渡河する様は圧巻である。

［佐々木］

川渡り神幸祭

所在地　田川市魚町二－三〇
祭神　応神天皇・仲哀天皇・神功皇后・海津見神・豊玉姫命・玉依姫命
メモ　川渡り神幸祭は県指定無形民俗文化財。神輿は本社と末社・白鳥神社のものが二台出る。

香春神社《かわらじんじゃ》・古宮八幡神社《こみやはちまんじんじゃ》

新羅系渡来氏族の神と宇佐へ奉納された神鏡

新羅の神を祀る

田川盆地の北東部で、一ノ岳・二ノ岳・三ノ岳からなる香春岳を神体山とする神社。『延喜式』神名帳の「豊前国六座」のうち、「田川郡三座」に香春三神の名が見える。一ノ岳に辛国息長大姫大目命《からくにおきながおおひめおおまのみこと》、二ノ岳に忍骨命《おしほねのみこと》、三ノ岳に豊比咩命《とよひめのみこと》が祀られていたのを、和銅二（七〇九）年、一ノ岳南麓に社殿を造立して合祀したという。

『豊前国風土記』逸文に「昔、新羅国の神が渡来してこの地の川原に住んだので鹿原《かはら》の神といった」とあるが、神が渡来したということは、その神を奉祀した人々の来住を意味している。

同書には二ノ岳から銅が産出されていたことを記しており、三ノ岳には採銅の跡があって、「採銅所《さいどうしょ》」の地名を残している。銅の採掘、精錬の技術を持った新羅系の渡来氏族がこの地に定住したということで、それらの人々の祀っていたのが一の岳の神であろう。辛国は韓国に通じる。

宇佐神宮へ宝鏡を奉納した古宮

三ノ岳の豊比咩命は山麓の阿蘇隈《あそくま》に祀られていたが、一ノ岳南麓の下香春の宮に合祀されたので、元の社を「古宮大神」と唱えていた。新羅神が祀られる以前からの地主神であろう。その後、養老四（七二〇）年、宇佐八幡神の託宣により、三ノ岳から発掘された金銅で宇佐神宮の御正体《みしょうたい》の御神鏡を鋳造して放生会《ほうじょうえ》に奉納、八幡神を勧請して古宮八幡神社と称するようになった

香春神社の拝殿

という。

　明治二十一（一八八八）年までは香春神社の神幸祭に神輿《みこし》が加わっていたが、その後は古宮八幡神社だけで神幸祭を行うようになっている。

古体を残す神幸祭

　香春神の名が中央にまで知られるようになったのは、延暦年間（七八二―八〇六）に最澄が渡唐の無事を祈って参籠《さんろう》し、山麓に神宮院を建立したのに始まる。最澄の斡旋により香春神社は比叡山王の別社となり、一ノ岳山頂には山王権現が祀られた。香春岳は全山石灰岩の露出した山だったが、最澄が寺を建て読経をしてからは草木が繁茂し、旱魃《かんばつ》や疫病の災いが起こるたびに郡司や農民が祈願すると必ず感応があったという。

　江戸時代には田川郡の総社として、雨乞いや災害の折には郡内の主だった神社の神輿が香春神社に集まって祈願を籠め、三月十五・十六日の神幸祭には郡内の大庄屋らが出仕し、田川郡規模の祭りで盛大を極めた。現在の神幸祭は五月四・五日で、三体の神輿が長い行列を作り、お旅所までの往復をしている。

　古宮八幡神社の神幸祭は現在四月最終の土曜日と日曜日。神輿の屋根を杉の葉で葺《ふ》いているので前日に神輿作りをする。初日の朝、神社から辛櫃《からびつ》を担いで、代々御神鏡鋳造に関わっていた長光家へオマガリ様を迎えにいく。龍の形をした小さな餅というが、秘事とされ見ることができない。その後、御神鏡を鋳造したという清祀殿《せいしでん》跡の裏を流れる禊《みそぎ》川でお潮井を採って神社に戻る。午後に神輿への神遷しがあって神社を発御。古宮音頭を歌いながら地区の中を通り、村外れの天照皇大《てんしょうこうたい》神社で祭典を行った後、神社下のお旅所でお通夜をする。翌日は午後にお旅所で祭典を行い、神輿が清祀殿跡を経て神社に還御する。

［佐々木］

上：香春神社境内の山王石。昭和14年に一ノ岳より転がり落ちてきたもの
下：古宮八幡神社の拝殿

所在地　［香春］田川郡香春町香春七三三／［古宮八幡］田川郡香春町採銅所二六一一
祭　神　［香春］辛国息長大姫大目命・忍骨命・豊比咩命／［古宮八幡］豊比咩命・神功皇后・応神天皇
メ　モ　セメント工業の石灰石採掘で、一ノ岳が原型を留めぬまでに削りとられてしまっている。

英彦山神宮《ひこさんじんぐう》

日本三大修験道場に数えられた神の山

鎮西修験道の一大拠点

英彦山と書いて「ひこさん」と読む。福岡・大分両県の県境に位置する英彦山は標高一一九九・六メートル。そこから東西に延びる英彦山山系の主峰でもある。頂上が北岳・中岳・南岳の三峰に分かれ、英彦山神宮は中岳山頂に上宮を置き、山腹に中・下宮を配して、下宮に近く奉幣殿《ほうへいでん》と社務所を設けている。

神宮に昇格したのは昭和五十年。もとは官幣中社英彦山神社。明治初年の神仏分離までは神仏混淆《こんこう》の山岳宗教・修験道の霊場で英彦山大権現を唱え、寺号を霊仙《りようせん》寺と称していた。出羽《でわ》三山・熊野三山と並ぶ鎮西修験道の一大拠点で、平安時代からすでに「日子乃山」「彦山」として文献にその名を現している。「英彦山」の表記は、享保十四（一七二九）年、霊元法皇より天下に抽《ぬき》んでた霊山として、特に「英」の美称を許され、同十九年に宸筆《しんぴつ》の勅額を下賜されたのに始まる。

彦山が初めて歴史にその姿を現すのは『中右記』寛治八（一〇九四）年五月、彦山衆徒の大宰府強訴事件である。前後の事情から見て、大宰府安楽寺との寺領争奪をめぐる紛争と見られるが、その勢いに恐れをなした大宰大弐《だざいのだいに》・藤原長房《ながふさ》が京へ逃げ帰っている。当時の彦山に大宰府を揺るがすほどの山伏集団がいたことを物語っている。俗に三千の衆徒、八百の坊といわれているが、山内の中谷、西谷、下谷、別所谷、南

上：中岳山頂に鎮座する上宮
右：石畳の参道。両側に山伏の坊跡が点在する

奉幣殿。元和２（1616）年，細川忠興の寄進によって再建された

谷等々に残る山伏の坊跡に盛時を偲ばせるものがある。

山内に息づく修験の痕跡

山岳宗教・修験道の修行には、山中の岩窟に籠もって呪法を練ったり、峰々を巡って験力《げんりき》を身につける峰入り修行があった。彦山の縁起書には彦山四十九窟として山内・山外に散在している窟の名を記しているが、山内には玉屋窟・大南窟・智室《ちむろ》窟・豊前窟などが現存している。峰入りには彦山から宝《ほう》満《まん》山への春峰・夏峰、福智《ふくち》山への秋峰があったが、明治初期に消滅して、現在では十一月の紅葉の頃、豊前坊で行われる護摩焚《ごまだ》きにわずかにその片鱗を窺うことができる。

彦山修験道年中最大の行事が旧暦二月十四・十五日に行われていた松会《まつえ》で、斎庭《ゆにわ》に巨大な柱松を立てて神事を行った。御田《おんだ》祭と神幸祭を中心とした一大デモンストレーションで、各坊が自坊を宿坊として檀家を招待する機会でもあった。御田祭で撒かれる籾種《もみだね》を苗代《なわしろ》田《だ》に撒くと虫封じになるといわれ、九州各地からの英彦山参りを誘っていた。現在でも三月十五日に御田祭、四月第二土・日曜日に神幸祭が行われている。

明治初年の神仏分離によって長い歴史を持った英彦山修験道は瓦解したが、英彦山神宮境内の建造物には、当時を偲ばせるものが残っている。小倉藩初代藩主・細川忠興《ただおき》寄進の霊仙寺大講堂は奉幣殿として、参道入口の勅額を掲げた佐賀藩初代藩主・鍋島勝重建立の銅華表《かねのとりい》はその威容を保ち、重要文化財になっている。石畳の参道両側には坊跡の石組みが残り、財蔵坊宅は修理・補強され山伏の生活用具を展示している。また、奉幣殿下の政所《まんどころ》坊《ほう》庭園にある修験道館には、指定文化財を含む数々の修験道遺品が展示されている。

〔佐々木〕

所在地　田川郡添田町英彦山
祭　神　正哉吾勝々速日天忍骨尊・伊佐奈伎尊・伊佐奈美尊
メ　モ　平戸市・松浦史料博物館には、松会の様子などが詳細に描かれた『英彦山権現祭礼絵巻』二巻がある。

コラム

藩主ゆかりの神社

福岡市中央区の西公園に鎮座する光雲神社

■藩祖を祀る神社

秀吉や家康などの天下人の例に倣い、伊達政宗や前田利家、加藤清正など、様々な功績を残した藩祖・藩主を神格化して祀る例は全国各地に見られる。桜の名所として有名な福岡市中央区の西公園には、福岡藩の藩祖・黒田如《じょ》水《すい》と初代藩主・長政を祀る光雲《てるも》神社がある。社名は二人の法名である龍光院殿、興雲院殿から一字ずつとったもの。

もとは福岡城内にあったが、明治四(一八七一)年、廃藩置県で黒田家が東京に移転するに当たり、有志によって現在の警固公園近くに移された。そして明治四十年、現在地に新社殿が落成し、遷座した。

県指定無形民俗文化財の「どろつくどん」で知られる柳川市の三柱《みはしら》神社も、藩祖を祀る神社である。社名は、柳川藩祖・立花宗茂《むねしげ》と妻・誾千代《ぎんちよ》、その父である戸次道雪《べっきどうせつ》の三人を祀ることによる。三神は当初からともに祀られていたわけではなく、文政期(一八一八―三〇)に合祀され、江戸期を通じて藩内の崇敬を集めた。

境内には文政期の本殿を始め多くの歴史的建造物があったが、平成十七年の火災により拝殿・回廊などが焼失し、復興作業が続けられている。

十月上旬の秋季大祭「おにぎえ」は、夜遅くまで大賑わいすることからその名がついたという。神幸行列の先頭を行くのが「どろつくどん」で、山車《だし》の上で踊りや囃子《はやし》を披露する。

藩主が創建した神社

篤い信仰心、あるいは藩内統治の観点から、藩主が神社を創建した例もある。本書で紹介している紅葉《もみじ》八幡宮（福岡市早良区）や桜井神社（糸島市志摩《しま》桜井）はその一例だが、ここでは二社を取り上げてみたい。

北九州市の小倉城内に鎮座する八坂神社。社伝によれば、もともと小倉では九世紀頃から須佐之男命《すさのおのみこと》を祀っていたといい、元和三（一六一七）年に改めて祇園社を創建したのが、初代小倉藩主の細川忠興《ただおき》である。

鷹狩りの際、小さな石祠の御神体を見るため杖でこじ開けようとしたところ、中から鷹が飛び出し、忠興の目を傷つけた。神への非礼を悔いた忠興は、小倉城北西の鋳物師《いもじ》町に荘厳な社を建てたという。明治期に八坂神社へと改称し、昭和九年に現在地に遷座した。

小倉の夏の風物詩・小倉祇園祭りでは、夏の疫病退散など災厄除けの願いをこめた威勢の良い太鼓の音が町に響く。

明治維新後に藩主によって創建された神社もある。現在、福岡市中央区六本松に鎮座する福岡県護国神社は、福岡藩十二代藩主・黒田長知《ながとも》を始め、各藩で藩主らにより招魂《しょうこん》社が創建されたことに始まる。同社に限らず全国各地の護国神社はもともと招魂社といい、明治維新前後、国難に殉じた人々を祀るため創建されたものである。

福岡県護国神社の境内は全国の護国神社の中でも特に広大で、隣接する大濠公園、福岡城跡とともに、市街地の中で緑豊かな景観を形成している。

［竹川］

どろつくどん（上）と小倉祇園太鼓。いずれも県指定無形民俗文化財

福岡市中央区六本松の福岡県護国神社。神社参道で蚤の市が開催されるなど，多くの市民に親しまれている

嘉穂・直鞍のお宮

飯塚市・大根地神社（木下陽一氏撮影）

秋の放生会の際，境内で繰り広げられる大分の獅子舞

大分八幡宮《だいぶはちまんぐう》

筥崎宮の元宮とされ、豊かな歴史を誇る古社

遠賀《おんが》川支流・大分川の流域に鎮座する大分八幡宮は、筥崎宮の元宮とされている。宇佐神宮の記録や社伝によれば、大分八幡宮は奈良時代、神亀三（七二六）年に宇佐八幡神の託宣で創建されたという。また『筥崎宮縁起』によれば、平安時代の延喜二十一（九二一）年に託宣があり、延長元（九二三）年にこの地から箱崎浜へ遷座されたのが現在の筥崎宮の始まりであるという。箱崎へ遷座後も、「八幡五所別宮」の第一に数えられるなど、篤く信仰されていた。

現在、飯塚市内には他にも多くの八幡宮が鎮座するが、それらも宇佐神宮や大分八幡宮の影響を受けたものと考えられる。

古くは現在の境内背後の丘陵上に社殿があったというが、戦国期に戦火で消失し、天正五（一五七七）年に秋月種実《たねざね》が再建したという。

鳥居から石畳の参道が続く風格のある境内には、神功皇后が朝鮮半島から持ち帰った木の子孫と伝えられる大樟（県指定天然記念物）や応神天皇の産湯に使ったとされる井戸などがある。

江戸中期に復興された秋の祭礼・放《ほう》生会《じょうえ》（仲秋祭）は多くの人で賑わう。特に石清水八幡宮に人を派遣して習得させたという獅子舞は、周辺に多数残る獅子舞の源流といわれ、県の無形民俗文化財に指定されている。

［竹川］

所在地　飯塚市大分一二七二
祭　神　応神天皇・神功皇后・玉依姫命
メ　モ　近隣に鶯塚（うぐいすづか）と呼ばれる丘があり、朝鮮出兵を終えた神功皇后が、ここで兵を解散（大分かれ）したことから、「大分」の地名が起こったとされている。

椿八幡宮《つばきはちまんぐう》

県道六〇号線沿いの白い大鳥居が目印の椿八幡宮は、宇多天皇の時代、寛平九（八九七）年に勅令によって大宰府政庁が社殿を創建したとされている。祭神は宇佐神宮から勧請したと伝えられ、宇佐弥勒《みろく》寺領の荘園である椿荘の鎮守であった。江戸時代には椿村の産土神《うぶすながみ》、周辺十カ村の惣社として篤い崇敬を受けた。

神功皇后が朝鮮出兵の折、当地に立ち寄り、堅い木で作った剣の鍔《つば》を奉納して日本の平和と繁栄を祈願したという伝承があり、それが「つばき（椿）」の地名の由来といわれている。

拝殿には昔の農耕の様子を描いた絵馬が多数奉納されている。また、毎年十月の秋祭り（おくんち）では獅子舞や夜神楽の奉納、御神幸が行われ、大いに賑わう。

［竹川］

所在地　飯塚市椿352
祭　神　品陀別命・息長足姫命・足仲彦命・武内宿禰命
メ　モ　すぐそばの弥勒堂はかつての神宮寺で，耳の仏様として多くの参詣者がある。

綱分八幡宮《つなわけはちまんぐう》

飯塚から烏尾《からすお》峠を経て田川へ向かう国道二〇一号線からほど近い綱分は、古代官道の綱別駅が置かれた場所である。この地に鎮座する綱分八幡宮は、宇佐弥勒《みろく》寺領の荘園・綱別荘の鎮守として宇佐神宮から勧請されたものという。また、当社所蔵の江戸期の記録である『綱分宮産綱記』（綱分八幡宮文書）は、神社の創建時期を神亀年間（七二四－二九）とし、神功皇后がお産の際に用いた御綱を分けて斎場に奉納したという地名由来譚も紹介している。

江戸期には「亀山八幡宮」とも呼ばれ（『筑前国続風土記附録』）、綱分村の産土《うぶすな》神《がみ》、庄内郷十三カ村の惣社として信仰を集めていた。秋の放生会《ほうじょうえ》御神幸祭（隔年開催）では流鏑馬《やぶさめ》、獅子舞、稚児舞、神楽が奉納され、見応えがある。

［竹川］

所在地　飯塚市綱分866－1
祭　神　応神天皇・神功皇后・仲哀天皇
メ　モ　暦応年間（1338－42）から続くといわれる御神幸祭は県無形民俗文化財に指定されている。

曩祖八幡宮《のうそはちまんぐう》

子守りの霊験あらたかな飯塚の鎮守神

旧長崎街道に面する小高い丘（檀の上）の上にある曩祖八幡宮は、飯塚の鎮守、産土神《うぶすながみ》であり、特に子守りの神として広く信仰されている。創建年代は不詳であるが、社伝などによれば、神功皇后が朝鮮出兵からの帰途、この地で戦勝報告の祭典を行ったことから、後にその場所に創建されたという。なお、軍を解散する際に、神功皇后が「何日可逢《いひつかあうべし》」と言ったことから、「いひつか」が転じて「飯塚」の地名になったと伝わる。

江戸時代には黒田家の崇敬を受けて本殿・拝殿などが整備され、『筑前国続風土記附録』や『筑前名所図会』などの地誌・絵図にも境内の様子が描かれている。明治五（一八七二）年に村社、大正十（一九二一）年に郷社、大正十三年には県社に列せられた。

境内には祇園社、天満宮、若光稲荷神社、住吉神社、水守神社、恵比須社、そして街中（向町の旧麻生酒造付近）から移設された大神宮など、多くの摂《せつ》社《しゃ》・末社がある。また、宿場町の治安を守る「博奕《ばくち》改役《あらためやく》」の銘がある狛犬や、初辰《はったつ》の日に芸能・芸事の上達を祈願したという狐（お稲荷様）の像など、飯塚の町人・商人が寄進した石碑・石塔も多い。

付近には幕末歌人の大隈言道《ことみち》が滞在し、野村望東尼《ぼうとうに》も訪れた宝月楼《ほうげつろう》跡などの史跡も残る。

［竹川］

所在地　飯塚市宮町二－三
祭　神　応神天皇・神功皇后・仲哀天皇・武内宿禰・天神地祇
メ　モ　「曩」には「先ありし日」という意味があり、社名の「曩祖」は先祖を祀ることに由来する。また、古来郷民がこの付近に税を納めに来ていたことにちなみ「納祖八幡宮」とも表記された。

撃鼓神社《げきこじんじゃ》

数多の伝説を秘め、豊かな社叢の中に佇むお宮

飯塚市から宮若・宗像市方面へ向かう途中、白旗山の麓に「撃鼓」という珍しい名前を持つ神社がある。ここから石段を少し上ると、小さな祠が立つ上宮がある。古くは上宮を「鼓打《つづみうち》権現」、下宮を「笛吹《ふえふき》権現」と呼び、両権現は神功皇后が朝鮮出兵の折に神楽を奏した際、囃子《はやし》の太鼓と笛を指導した神であると伝えられている。

境内には神功皇后伝承にちなむ「乳の池」がある。皇后がこの池の水を汲んで授乳の祈願をしたと伝えられており、これに倣って祈願すれば乳の出がよくなるという。なお、白旗山の名も、皇后が白旗八流を奉納したことに由来するという。

『筑前国続風土記附録』や『福岡県地理全誌』などによれば、延享年間（一七四四－四八）に一時祭神を改めて「熊野権現社」と称したが、後に祭神を旧に復し、社号も「撃鼓神社」（撃鼓宮とも）に改めたという。

地理的に宗像や宮若方面との関係が深く、宗像大社の神宝であったという古翁面《こおきなめん》が伝えられている。春・秋に拝殿で奉納される神楽は江戸期から続くもので、その演目や様式などを記した古文書も残っている。

近隣には炭鉱王・伊藤伝右衛門が寄進した鳥居が目印となっている許斐《このみ》神社や、雨乞い祈願の絵馬が残る水祖神社、江戸期は田の中にあったといい、五穀豊穣の霊験あらたかな五穀神社など多くの神社がある。

［竹川］

所在地　飯塚市中一三六八－二
祭　神　天太玉神・天児屋根命・天鈿女命
メ　モ　境内は深い鎮守の森に囲まれ、石橋や祠、子供相撲が奉納される土俵なども あり、昔日の姿を留めている。

天道神社《てんどうじんじゃ》

遠賀《おんが》川支流の穂波《ほなみ》川と泉河内《いずみごうち》川の合流点付近に位置する天道は、今でも醤油屋や酒屋など、江戸期の賑わいを偲ばせる建物が立ち並ぶ。その一角に、地名の起こりとなった天道神社が鎮座する。『筑前国続風土記』によれば、寛永年間（一六二四－四四）、神託を得て吉凶を占う松永孫四郎入道正斎という人がいて、天のお告げで天道宮の社を建てたことに始まるという。江戸時代はその噂を聞きつけ、賽銭を投げ打つ参拝客が絶えなかったと伝えられている。

また、時代はかなり遡り、天慶二（九三九）－四年の藤原純友《すみとも》の乱の際、討伐軍の源満仲《みつなか》がこの地で天照大神に戦勝を祈願し、玉串《たまぐし》を襟にさして戦ったという言い伝えもある。付近の大将陣《たいしょうじん》山は、この時に陣が敷かれた地という。

［竹川］

所在地　飯塚市天道94
祭　神　天照大神（大日孁貴命）
メ　モ　大将陣山一帯は公園として整備されており，桜の名所としても知られる。展望のよい頂上には大将陣神社が鎮座する。

老松神社《おいまつじんじゃ》

飯塚市から嘉麻《かま》市や秋月方面へ向かう道筋、嘉穂《かほ》郡桂川《けいせん》町土師《はじ》に鎮座する老松神社。社伝によれば垂仁天皇の時代に出雲から来た土師氏が、この地に出雲大社の分社として建立したという。

創建当初は「土師宮」と称していたが、万寿元（一〇二四）年に土師郷が安楽寺（太宰府天満宮）の荘園となった際に菅原道真公を合祀し、「老松大明神」と改称したとされる。以降、土師荘十二カ村の総鎮守として隆盛を極めたが、天正十五（一五八七）年、豊臣秀吉による九州平定の際、秋月種実《たねざね》に属したため神領を没収された。それ以後も村人からの崇敬を受け、幾度かの再建を経て今日に至る。

春秋の祭礼で舞われる土師の獅子舞は嘉暦三（一三二八）年より続くとされ、毎年多くの見学者を集める。

［竹川］

所在地　嘉穂郡桂川町土師3161
祭　神　大国主命・大物主命・事代主命・菅原道真公
メ　モ　土師の獅子舞は県の無形民俗文化財に指定されている。

大根地神社《おおねちじんじゃ》

深山に鎮座する 眺望豊かな神社

飯塚市内野と筑紫野市山家《やまえ》の境に位置する標高六五二メートルの大根地山。その山頂付近に大根地神社が鎮座する。福徳開運・商売繁昌・五穀豊穣の神として知られ、江戸時代には福岡藩主の信仰も篤かったという。また、かつては山伏たちの修行の場でもあった。

社伝では、神功皇后が羽白熊鷲《はじろくまわし》という豪族を征伐する際この山に登り、天神七代・地祇五代を祀って勝利を祈願したのが始まりとされている。その後、建久三（一一九二）年、須《す》佐《さ》之《の》男命《おのみこと》と大市姫命《おおいちひめのみこと》を合祀した。また同じ頃、源頼朝が富士山の裾野で巻狩りを行った際に逃げてきた白狐が大根地山に棲み着いたという伝説もあり、九州の稲荷信仰の聖地の一つになったという。

飯塚市側から神社へ向かう場合は、国道二〇〇号線沿いに立つ「荒田の鳥居」から参道に入り、冷水《ひやみず》峠を登る。かつて峠の茶屋があった付近に鳥居や穂波《ほなみ》郡と御笠《みかさ》郡の郡境石などがあり、そこから石畳みの風情ある参道を約一時間登り社殿へと向かう。山頂付近にある境内からの眺望は素晴らしく、眼下の町並みや英彦《ひこ》山を一望することができる。また、手水舎の横の湧き水は九州の名水百選に選ばれており、豊かな自然や清浄な空間に身も心も癒される。

［竹川］

冷水峠の郡境石

所在地 飯塚市内野二五〇七
祭神 天神七代・地祇五代・雲閣稲荷大神・別当稲荷大神
メモ 筑紫野市側から登る場合は「竜岩自然の家」付近から林道に入る。途中に小さな滝などもあり、登山者にも人気のコースである。

厳島神社《いつくしまじんじゃ》

地域に愛され続ける鹿毛馬の産土神

飯塚市鹿毛馬《かけのうま》に鎮座する厳島神社は、かつて嘉穂《かほ》郡内唯一の県社であった。『日本書紀』によれば、景行天皇がこの地を訪れた時、日王山《ひのう》（日思山《ひおふ》）の頂きに宗像三女神と天照大御神《あまてらすおおみかみ》を祀り、この辺りの豪族・日王県主《ひのうのあがたぬし》を祭主に定めたという。しかし、山上への参詣は不便であることから、南北朝時代の延文元（一三五六）年、神託によって本宮の三女神を現在の鹿毛馬の地に遷座し、天照大御神を豊前国神崎村（現在の田川郡福智《ふくち》町神崎）へ移したとされている。その後、日王山の頂にあった社殿は野火によって焼失したが、その礎石は今も現存しているという。

永正元（一五〇四）年、社殿を再建、村民一六六名が祭事に参加したとの記録が残っている。明治三十二（一八九九）年に県社に列せられ、昭和七年に本殿・幣殿《へいでん》・拝殿が再建された。また近年、熱心な氏子たちによって参道や社殿、鳥居、狛犬などが修復・寄進されている。

相殿の牧野神社は、かつて厳島神社の北側にある「鹿毛馬神籠石《こうごいし》」（国指定史跡）付近に鎮座していた。伝承では、神武天皇がこの地を訪れた際に馬の牧（牧場）を開いたことに由来するという。文暦元（一二三四）年に牧が廃された後は境内も荒れ果て、元亀年間（一五七〇－七三）に厳島神社の相殿に合祀された。

［竹川］

所在地　飯塚市鹿毛馬一〇八八
祭　神　市杵島姫命・田心姫命・湍津姫命（宗像三女神）
メ　モ　四月の御神幸祭を始め伝統的な祭礼が四季折々に営まれており、今も地域の鎮守としての役割を果たしている神社である。

鮭神社《さけじんじゃ》

「鮭」の名を冠する全国的にも希有な社

遠賀《おんが》川河口から約五〇キロ、その源流にほど近い嘉麻《かま》市大隈の鮭神社は、鮭を祀っている大変珍しい神社である。

拝殿には鮭の絵馬や魚拓が掲げられている

社伝では神護景雲三（七六九）年の創建とされる。江戸時代の地誌にもこの神社のことが記されており、『筑前国続風土記』では、鮭を神として崇めることに疑問を抱いている様子が窺え、神饌《しんせん》の類であろうかとも記している。また『筑前国続風土記拾遺』では、祭礼の日に鮭が神社付近の川まで遡上してくることに触れ、神として祀るがためにここまで上ってくるのであろうと述べている。

昭和初期までは実際に鮭が遡上してくることがあったといい、それは大豊作の前触れとされていた。周辺地域には今でも鮭を食べないしきたりが残り、もし食べてしまった場合には「今食べたのは鱒《ます》であった」と言い訳する面白い風習も伝わっている。現在、地域の人々により鮭の稚魚の放流が続けられており、毎年十二月十三日には遠賀川で獲れた鮭を奉る「献鮭祭」が開催され、多くの人で賑わう。

［竹川］

夫婦樟。市天然記念物に指定されている

所在地　嘉麻市大隈五四二
祭　神　葺不合尊・火火出見尊・豊玉姫命
メ　モ　鳥居脇に樹齢七百年以上といわれる夫婦樟が立つ。また、鮭の産地である北海道・広尾町の十勝神社に、昭和五十八年建立の分社がある。

馬見神社《うまみじんじゃ》

馬見神社は馬見山（九七七・八メートル）の北西山麓に鎮座する。神仏習合の時代には別当を置いて「大光寺」「神木寺」とも称した。

古代の大豪族・物部《もののべ》氏が創建したと伝えられ、平安時代の武士・源為朝《ためとも》が社殿を建立したという。戦国時代には秋月氏の崇敬を受け、江戸時代には秋月藩の祈願所でもあった。『筑前国続風土記』や『筑前国続風土記附録』などには、かつて馬見山山頂に上宮があったことが記されている。頂上付近の大岩のもとにある小さな祠はその跡といい、「御神所岩」と呼ばれている。

人里離れた場所にある神社で、長い石段を上り、多くの鳥居をくぐり抜けて参拝すると、静閑な雰囲気に思わず身が引き締まる。

［竹川］

所在地　嘉麻市馬見1594
祭　神　伊弉諾命・天津彦火火出見尊・瓊瓊杵命・木花咲哉姫命
メ　モ　秋月氏奉納の絵馬や秋月藩御用絵師・斎藤秋圃の絵馬，社家・江藤家所蔵の古文書（「馬見神社江藤家文書」）などが残る。

北斗宮《ほくとぐう》

「黒田節」で有名な母里《もり（ぼり）》太兵衛《たへえ》の居城でもあった益富《ますとみ》城の城下町で、江戸期には宿場町として栄えた大隈《おおくま》町に鎮座する。

社伝によれば、天智天皇の時代に若木《わかぎの》連《むらじ》という人が「北斗大明神」を勧請、延命長寿、縁結びの神として尊崇を集めたという。天正六（一五七八）年、兵乱により社殿を焼失したが、御神体は樹齢二千数百年という大樟の中に奉安され安泰であった。以来、境内に大楠神社を祀り、武運長久の神として信仰された。二年後の天正八年、秋月種実《たねざね》が社殿を再建。江戸期には筑前十五神の一宮とされ、福岡藩主から保護を受けた。明治四（一八七一）年、社名を「下益神社」と改称。昭和四十二年に現在の社名となった。

拝殿には多数の絵馬があり、中には安政の年号が記されたものもある。

［竹川］

所在地　嘉麻市大隈町994
祭　神　天御中主尊・伊弉諾尊・伊弉冉尊
メ　モ　兵乱の際に御神体を奉安した樟は後に火災に遭い枯死し，現在境内にある大樟はその子孫に当たるという（市指定天然記念物）

多賀神社《たがじんじゃ》

お多賀さんの愛称で親しまれる旧城下町の産土神

直方《のおがた》市の市街地を一望する小高い丘に立つ多賀神社は、城下町・直方の産《うぶ》土神《すながみ》、総鎮守として信仰されてきた。

創建年代は不詳であるが、古くは「日若宮」、また現在地より南の妙見《みょうけん》山（御館《おたて》山）にあり「妙見社」とも呼ばれたという。元和九（一六二三）年に福岡藩の支藩として東蓮寺《とうれんじ》藩（直方藩）が成立した後、その歴代藩主に篤く保護された。天和年間（一六八一－八四）、初代藩主・黒田高政《たかまさ》が社殿を改修。四代藩主・長清《ながきよ》が一度廃藩になった直方藩を再興し、妙見山に新しい御館（直方陣屋）を築造する際、現在地に社殿を移築した。そして元禄五（一六九二）年、藩主の命を奉じ、当時の宮司が朝廷に願い出て社名を多賀神社（多賀大明神社）に改めた。

多賀神社では三年に一度、十月中旬に御神幸行事（県指定無形民俗文化財）が開催される。藩主・長清の時代に、当時の宮司が京都・加茂神社の葵《あおい》祭りに倣って始めたものという。色とりどりの衣冠束帯《いかんそくたい》姿の行列が町を練り歩き、平安絵巻さながらの趣《おもむき》である。また、神社に伝承されてきた日若舞や日若謡に由来するという日若踊（県指定無形民俗文化財）も奉納される。

境内には貝原益軒《かいばらえきけん》銘の鳥居、見事な「黄玉樹《おがたまのき》」（県指定天然記念物）なども残る。付近には直方市石炭記念館や、直方名物の大売り出し「五日市」にちなむ庚申《こうしん》社もある。

［竹川］

所在地　直方市直方七〇一
祭神　伊邪那岐大神・伊邪那美大神
メモ　桃子土鈴（もものみどれい）・夫婦鶺鴒（めおとせきれい）のお守りは、それぞれ「開運招福・厄除息災」「家内安全・夫婦円満」の御利益品として人気がある。

とりのじんじゃ

鳥野神社

鳥野神社は、直方《のおがた》市東方の山麓、内ケ磯ダムのそばに鎮座する。白鳳期（七世紀後半）、英彦《ひこ》山修験の流れを汲む釈教順が中嶽（福智《ふくち》山）山頂に福智権現を祭祀したことに由来するという。

福智山は筑前・豊前の国境に位置することから、かつて両国により福智権現が祀られていたが、天正年間（一五七三－九二）に分社された。山頂には現在も、鳥野神社（筑前側）・福智中宮神社（豊前側）の上宮の祠がある。慶安年間（一六四八－五二）、現在地に本殿が造営された。神使いは鳥とされており、明治三十九（一九〇六）年に鳥野神社に改称。福岡藩三代藩主・黒田光之《みつゆき》や直方藩四代藩主・黒田長清《ながきよ》らによる再興の記録もあり、武将の信仰が篤かったことが窺える。

［竹川］

所在地　直方市頓野96
祭　神　保食神・天照大神・月読大神・軻遇槌神
メ　モ　境内入口は鷹取山から福智山への登山口にもなっており，参拝者だけでなく登山客も多く訪れる。

むつがたけじんじゃ

六嶽神社

鞍手《くらて》町、直方《のおがた》市、宮若市にまたがる六ケ岳（三三九メートル）の麓に鎮座する六嶽神社。六ケ岳は六つの峰からなり、その一つ崎門《さきと》山は田心姫《たごりひめ》・湍津姫《たぎつひめ》・市杵《いちき》島姫《しまひめ》の神、いわゆる宗像三女神の降臨地という伝承を持つ。宗像大社との関係も深く、鞍手町室木はかつて宗像郡の一部であった。

中世以降は当地の産土神《うぶすながみ》、また安産や交通安全の守護神として広く信仰を集めた。『筑前国続風土記附録』によれば、境内地はかつて六ケ岳の山上にあったが、永禄年間（一五五八－七〇）以降、戦乱などで荒廃し、宝永二（一七〇五）年に村人らが現在地に移築したという。

田んぼの中に立つ鳥居をくぐって石段を上ると、木々に囲まれた清閑な参道が続き、身も心も癒される。

［竹川］

所在地　鞍手郡鞍手町室木1207
祭　神　田心姫命・湍津姫命・市杵島姫命
メ　モ　春の大祭に奉納される六嶽神楽は、江戸時代に直方市・多賀神社の宮司が公家直伝の舞を伝えたといわれるもので，静かで優雅な舞が人々を魅了する。

天照神社《てんしょうじんじゃ》

遠賀《おんが》川の支流・犬鳴《いぬなき》川流域の宮若市磯光に鎮座する天照神社は、古代神話の饒《にぎ》速日尊《はやひのみこと》降臨の伝承を残し、「天照宮」「磯光神社」とも呼ばれる。縁起によれば、当初は笠置《かさぎ》山山頂に祀られていたが、参詣者の労を除くため、人里近い麓の千《せん》石穂掛《ごくほかけ》谷に移し、天長五（八二八）年には明野（現脇野）に遷座した。さらに延慶元（一三〇八）年、白鶴の住む里に遷座せよという神託で鶴田に移り、後に現在の場所に境内が設けられたという。中世には粥田《かいた》荘の惣社として崇敬を集め、江戸期には直方藩四代藩主・黒田長清《ながきよ》や村民により社殿の造営・改築が行われている。

境内には不動石といわれる正和元（一三一二）年銘の板碑や、白鶴の伝承にちなむ鶴の銅像などがある。

［竹川］

所在地　宮若市磯光266
祭　神　天照国照彦天火明櫛玉饒速日尊
メ　モ　千石穂掛谷には現在，いこいの里「千石」キャンプ場がある。千石峡の美しい渓谷美を満喫でき，穂掛神社や笠木山城跡などの史跡も点在する。

若宮八幡宮《わかみやはちまんぐう》

JRバスの福丸バス停から北へ向かい、山陽新幹線の高架をくぐった先に鎮守の森が見えてくる。ここが若宮八幡宮である。社伝によれば創建は養老二（七一八）年といい、中世は若宮荘の総鎮守であった。若宮荘は文治年間（一一八五－九〇）に京都・六条八幡宮領として成立したといい、同宮の分霊が当地に勧請されたと考えられる。

五、六百年の歴史を持つといわれる放《ほう》生会《じょうえ》大祭は、現在、隔年の十月上旬に開催され、福丸の日吉神社まで山笠や大名行列が練り歩く。また、当宮で発見された「三十六歌仙絵」は、戦国武将・荒木村重の子で浮世絵の祖ともいわれる江戸初期の画家・岩佐又兵衛の作品で、歴史的・美術的に貴重なものである。現在は福岡市美術館に寄託されている。

［竹川］

所在地　宮若市水原395
祭　神　応神天皇・仁徳天皇・神功皇后
メ　モ　放生会大祭は，筥崎宮，宗像大社のものと並び，筑前三大放生会の1つとされる。また近隣には装飾壁画で有名な竹原古墳や剣塚古墳などの遺跡も点在する。

コラム

鯰伝説の神社

鯰は、そのユーモラスな見た目や独特の生態から、古来より人々に親しまれてきた。鯰を神格化する例も見られ、肥後国一宮《いちのみや》・阿蘇神社では鯰を神の使いとしている。福岡県内にも、阿蘇大明神を勧請した社を始め、鯰伝説の残る神社が各地に存在する。

■麻生神社（八女市星野村）

「星に一番近い村」星野村に、貞応二（一二二三）年、在地領主・星野氏、黒木氏らが阿蘇大明神・健磐龍命《たていわたつのみこと》を勧請した麻生《あそう》神社がある。神社横に、オグラコウホネが水面《みなも》に浮かぶ麻生池がある。その水底《みなそこ》に棲息する白鯰や大鯰と、阿蘇大明神の鯰伝説にあやかり、「ナマズハダ」（白ナマズ）という皮膚病の治癒祈願に人々が麻生神社を訪れ、麻生池に浮かぶ中島弁財天社に鯰の絵馬を奉納している。鯰は、人々の痛みや苦しみ、そして喜びを分かち合う神秘的な生き物とされてきたのである。

上：星野村・麻生神社境内の麻生池の小島に立つ中島弁財天社／下：麻生池に自生するオグラコウホネ（スイレン科）は県の天然記念物に指定されている

■阿蘇神社（久留米市田主丸町地徳）

筑後平野とその南辺に水縄《みのう》活断層が走っている。この断層は全長約二三キロに及び、久留米・田主丸《たぬしまる》・吉井・浮羽《うきは》にまたがっている。『日本書紀』天武天皇七（六七八）年十二月の条に散見される「筑紫の大地震」は、この活断層の地割れによるもので、土石流によって多くの被害が生じた。

水縄山脈北麓、田主丸の山辺に阿蘇大明神が勧請されたが、これは「地震鎮《しず》めの神」として、人々の祈りが神を誕生させたのである。この山辺の民、森山の人たちは、鯰を神の使いとし、決して捕食しない。「地震鯰」の信仰が地域に生きている。

■賀茂神社（福岡市早良区賀茂）

享保十七（一七三二）、十八年、西日本一帯にウンカとイナゴによる大飢饉が起こり、多くの餓死者が出た。福岡市早良《さわら》区の賀茂神社の氏子たちは、「二度とこんな大飢饉が起きないように」と、京都の賀茂御祖《かもみおや》神社に祈願に行った。村に帰った代表の一人の夢枕に鯰が現れ、こう告げた。「願い事はわかった。鯰を殺したり、食べたりしてはいけない。川を綺麗にしなさい」。それからは、氏子たちは鯰を捕食せず、金屑《かなくず》川を綺麗にしてきたという。享保の大飢饉の再来を鯰の霊験で防ぎ、平穏な日々への世直しを鯰に祈願したのである。そこには敬虔な祈りが生きていた。

那珂川町・伏見神社の鯰絵

福津市・大森宮の鯰の石像（明治３年奉納）

■伏見神社（筑紫郡那珂川町山田）

那珂川《なかがわ》町の伏見神社には、拝殿に多くの鯰絵馬が奉納されている。神社の前を流れる那珂川の深い淵に「ナマズのカマド」という鯰の住処《すみか》がある。天変地異が起こりそうになると、水底に潜む大小の鯰が水面に現れ、暴れたという。例えば、大坂の陣や天草島原の乱、黒船来襲の時などは、大乱の前兆としてこれらの鯰たちが出現したという。鯰は天変地異予兆の魚でもあった。

＊

この他、朝倉市杷木《はき》穂坂の阿蘇神社や福津市上西郷の大森宮にも、鯰の石像や絵馬が残されている。また、みやま市高田町海津《かいづ》の阿蘇神社には、鯰絵馬の他、中台の部材に鯰を彫った石灯籠二対が奉納されている。［半田］

筑後のお宮

料金受取人払郵便

博多北局
承認

5159

差出有効期間
平成30年5月
31日まで
（切手不要）

郵便はがき

812-8790

158

福岡市博多区
奈良屋町13番4号

海鳥社営業部 行

通信欄

通信用カード

このはがきを，小社への通信または小社刊行書のご注文にご利用下さい。今後，新刊などのご案内をさせていただきます。ご記入いただいた個人情報は，ご注文をいただいた書籍の発送，お支払いの確認などのご連絡及び小社の新刊案内をお送りするために利用し，その目的以外での利用はいたしません。

新刊案内を［希望する　希望しない］

〒　　　　☎　（　　）

ご住所

ご氏名《フリガナ》　（　　歳）

お買い上げの書店名

アクロス福岡文化誌 6
福岡県の神社

関心をお持ちの分野

歴史，民俗，文学，教育，思想，旅行，自然，その他（　　　）

ご意見，ご感想

購入申込欄

小社出版物は全国の書店、ネット書店で購入できます。トーハン，日販，大阪屋，または地方・小出版流通センターの取扱書ということで最寄りの書店にご注文下さい。なお，本状にて小社宛にご注文下さると，郵便振替用紙同封の上直送いたします。送料無料。なお小社ホームページでもご注文できます。http://www.kaichosha-f.co.jp

書名		冊
書名		冊

大川市・風浪宮（佐藤恭敏氏撮影）

高良大社《こうらたいしゃ》

神域高良山の中腹に位置する筑後国の一宮

創建、そして筑後国一宮へ

　JR久留米大学前駅より南東へ約十分歩くと、高良山の麓に辿り着く。参道入口の大鳥居は、承応四（一六五五）年、久留米藩二代藩主・有馬忠頼《ただより》が寄進したもので、ここが高良大社の入口である。本殿は高良山（三一二・三メートル）の中腹に位置し、現在の社殿は万治三（一六六〇）年、同藩三代藩主・有馬頼利《よりとし》により寄進されたものである。

　大社の創建は、履中天皇元年と伝えられているが、正史にその名が見えるのは、延暦十四（七九五）年に従五位下を授けられたことが初現のようである。以後、弘仁九（八一八）年に「高《こう》良玉垂命神《らたまたれのみことのかみ》」を名神となし、仁寿元（八五一）年従三位、寛平九（八九七）年には正一位を授けられ、平安末期には国衙《こくが》の崇敬を受けて最盛期を迎える。しかし、源平の争乱期には高良山周辺が合戦の舞台となり、南北朝期にも周辺各所で攻防が繰り広げられた。

戦国期の衰退と再興

　戦国期に入ると、座主《ざす》（丹波《たんば》家）・大祝《おおほおり》（鏡山家）・大宮司（宗崎家）は、豊後の大友氏の家臣として戦乱に参加、天正十五（一五八七）年、豊臣秀吉の島津氏侵攻の際に一旦社領を没収されたが、同年、秀吉の命により入国した小早川秀包《ひでかね》が一千石の社領を寄進している。同十九年、秀包により第四十五代座主・麟圭《りんけい》が謀殺され、一時衰退するが、文禄三（一五九四）年、麟圭の子・尊能《そんのう》が座主となると再興の気運が高まり、同五年には改めて一千石の寄進がなされた。

　慶長五（一六〇〇）年、関ケ原の戦功によって筑後一国を与えられた田中吉政もまた社領一千石を寄進し、田中家の後に入国した有馬豊氏《とようじ》（初代久留米藩主）が継承した。有馬家は高良山全域の復興を積極的に行い、前述の大

有馬忠頼寄進の大鳥居

神社建築としては九州最大級の社殿

鳥居・本殿の他、万治三（一六六〇）年には幣殿《へいでん》・拝殿などの造営、寛文九（一六六九）年には廃絶されていた玉垂宮祭礼の再興、享保二（一七一七）年には御神幸も復活させたという。江戸時代には高良山の座主勢力の政治的権力は衰退したが、京都・賀茂神社出身の第五十代座主・寂源僧正《じゃくげんそうじょう》は「高良山中興の座主」といわれ、社地の拡張や宝物の蒐集《しゅうしゅう》、史跡の保存などに尽力、「高良山十景」を選出し、多数の漢詩や和歌を残した。

明治二（一八六九）年、神仏分離により高良山の座主制度が廃止された後、同四年には「高良神社」と改称、国幣中社となり、大正四（一九一五）年、国幣大社に昇格、昭和二十二年、社格廃止により「高良大社」と改称した。

豪壮な社殿と多様な祭礼

前述の本殿・幣殿・拝殿・石鳥居は重要文化財に指定され、敷地内の宝物館には『紙本墨書平家物語』（重要文化財）、『絹本著色高良大社縁起』（県指定有形文化財）などが収蔵されている。

主な祭礼には、毎年六月一・二日の川渡祭（へこかきまつり）、十月九−十一日の例大祭（高良山くんち）がある。川渡祭は、数え年七歳の男女や還暦、厄年の人たちが、社殿前方に設けられた茅《ち》の輪をくぐり無病息災を祈念するもので、一日の早朝には裸祭りも行われる。例大祭は大社最大の祭りで、百手式《ももてしき》（小笠原流弓馬術）などの演舞が数多く奉納される。

［吉田］

所在地　久留米市御井町一
祭神　高良玉垂命・八幡大神・住吉大神
メモ　高良山神籠石、秀吉の在陣した吉見嶽跡など、鎮座する山の各所に史跡・文化財があり、散策する人も多い。

水天宮《すいてんぐう》

志士・真木和泉の出身地でもある 全国水天宮の総本社

創建は源平合戦の頃

JR久留米駅水天宮口（西口）より徒歩約十分、筑後川沿いに位置する水天宮は、全国水天宮の総本社である。

創建は元暦二（寿永四／一一八五）年、源平最後の合戦・壇ノ浦の戦いの後、官女の按察使《あぜち》・伊勢局が当地に逃れ来て、安徳天皇始め建礼門院、二位の尼などの霊を筑後川のほとり（伝、鷺野《さぎの》原《はら》）にて鎮祭したことに始まるという。その後、小早川秀包《ひでかね》入国の際、御井《みい》郡小森野（現久留米市）の畠二反を社領として寄進した。

江戸時代初期には「尼御前《あまごぜ》大明神」（寛文年間）、「尼御前社」などと称されていた。創建以来、諸所に移転したが、慶安三（一六五〇）年、二代藩主・有馬忠頼《ただより》は、筑後川畔の現在地に社地を寄進し、近隣の梅林寺境内にあった同社を移転させた。文政元（一八一八）年には、九代藩主・有馬頼徳《よりのり》が、江戸赤羽《あかばね》の久留米藩上屋敷に同社を分霊し、その頃より「水天宮」の呼称が使われるようになったという。

元来、水天宮信仰は、筑後川水系の水神信仰が母体であるといわれ、若津港（現大川市）に出入りする船頭から神輿《みこし》が寄進されており、今でも毎年五月五日の春大祭には、御座船に神輿を安置して船上にて祭典が行われる。

真木和泉像

幕末の志士・真木和泉

第二十二代宮司の真木《まき》和泉守《いずみのかみ》保臣《やすおみ》は、文化十（一八一三）年、旋臣《としおみ》の長男として生まれた。文政六（一八二三）年、父の死去に際して家督を相続し、翌年藩主・頼徳に謁見、天保三（一八三二）年に上京して大宮司の状を受けた。

樟や銀杏が石畳の参道を包む

ユーモラスな姿の撫で狛犬。自分の身体の痛い部分を撫でればその痛みがとれるという

嘉永五（一八五二）年、藩主・頼咸《よりしげ》の時に、藩執行部の数人とともに藩政改革を企てるが失敗、下妻《しもつま》郡水田（現筑後市水田）に幽閉される。

約十年間同地に滞在中、他の志士（平野国臣《くにおみ》ら）と面会し、文久二（一八六二）年に脱藩、翌三年八月、会津・薩摩両藩の結託による長州藩の京都追放（八月十八日の政変）に際し七卿らに同行、元治元（一八六四）年七月、長州藩同志とともに「禁門の変（蛤御《はまぐりご》門《もん》の変）」を起こし、同志十六名と自害した（享年五十二歳）。

変化に富む境内の様子

同社境内には、真木神社が設けられ、久留米藩から謹慎を命ぜられた際に居した山梔窩《くちなしのや》の復元家屋（実物は筑後市水田に現存）、和泉守の遺品などを多数展示保存する真木和泉守記念館などがある。

その他、本殿奥には安産祈願の水神社や、自分の痛いところを撫《な》でればその痛みが消えるという「撫で狛犬」が参詣者の心を和ませる。

［吉田］

所在地　久留米市瀬下町二六五
祭　神　天御中主神・安徳天皇・高倉平中宮・二位の尼
メ　モ　安産・子授け・水難除けの信仰が篤い。毎年八月五日（雨天順延）に行われる「筑後川花火大会」の起源は、有馬忠頼が社地・社殿を寄進した際、その落成祝賀として花火を打ち上げたことに始まる。

大善寺玉垂宮《だいぜんじたまたれぐう》

日本三大火祭り「鬼夜」で知られる古社

鬼夜。火の粉を浴びると無病息災のご利益があるとされる

西鉄大牟田線・大善寺駅西口より北へ徒歩約五分、大善寺玉垂宮がある。創建は白鳳元年（七世紀後半）とも天武天皇元（六七二）年ともいわれ定かではないが、弘仁五（八一四）年、堂《どう》宇《う》の整備により「御船山大善寺」と改名したという。社殿の再興などは、承暦元（一〇七七）年を始めとして何度か行われている。社領は、建徳年間（一三七〇－七二）に菊地氏、応永年間（一三九四－一四二八）には大友氏より寄進されている。慶長六（一六〇一）年、田中吉政が社領三百石を寄進、これはその後の有馬家にも受け継がれた。明治四（一八七一）年に神宮寺であった大善寺は廃寺となるが、大善寺の遺構である鐘楼《しょうろう》を始め阿弥陀堂（鬼堂）や旧庫裡《くり》が現存し、神仏習合時代の面影を色濃く残している。同十四年、玉垂宮は県社となっている。

　毎年正月七日に行われる「鬼夜《おによ》」（重要無形民俗文化財）は日本三大火祭りに数えられている。その始まりは、仁徳天皇五十六年、藤大臣（玉垂命）が松明《たいまつ》をかざして桜桃沈《ゆすらちん》輪《りん》という悪徒を討ち取ったことからだといわれている。祭りは昼と夜の二部構成で、特に夜の大松明廻しは、氏子より奉納された直径約一メートル、全長一三メートルの松明六本が、しめこみ姿の氏子たちに支えられ本堂を周回する勇壮なもので、毎年観光客が絶えない。

［吉田］

所在地　久留米市大善寺町宮本一四六三－一
祭　神　高良玉垂宮・八幡大明神・住吉大明神
メ　モ　建徳元（一三七〇）年制作とされる『絹本著色玉垂宮縁起』（重要文化財、京都国立博物館寄託）、「玉垂宮文書」など文献史料が豊富である。

風水神社《ふうすいじんじゃ》

国道三二二号線を西鉄久留米駅から日田方面へ十五分ほど歩くと高良《こうら》川と交わり、その川沿いに建てられている。創立は不明であるが、田中吉政が筑後入国の際にはすでに篠山《ささやま》城（久留米城）内に鎮座しており、「風雨の神」として五穀豊穣を祈願され、信仰者が絶えなかったという。

延享四（一七四七）年、城内から小森野（現久留米市）に遷座し、宝暦七（一七五七）年に現在地へ移された。安永八（一七七九）年には社殿の再築、明治三十六（一九〇三）年に社殿修理、昭和三十六年には国道敷設に伴って移転大修理を行って、狛犬が奉納された。敷地内には勝丸稲荷大明神も併祀されている。

［吉田］

所在地　久留米市野中町422－1
祭　神　志那都比売命・志那都比古命・罔象女命
メ　モ　平成15年，本殿狛犬の背後に風神雷神の石像が奉納された。

五穀神社《ごこくじんじゃ》

西鉄大牟田線・久留米駅より東へ徒歩約十分、国道三二二号線に五穀神社交差点がある。旧祭神はインドの農耕神・婆《ば》珊婆演底主夜神《さんばえんていしゅやしん》であったが、明治二（一八六九）年以降は豊宇気比売神《とようけひめのかみ》に改められた。寛延二（一七四九）年、久留米藩七代藩主・有馬頼徸《よりゆき》が建立、江戸時代には観音堂、地蔵堂、閻鬼《えんき》堂なども備えていた。

明和元（一七六四）年には「御繁昌」という祭礼が始まり、芝居や相撲が行われるようになった。江戸時代末期、後の「東芝」の生みの親で発明家の田中久重は、同社の祭礼にてからくり興行を行っており、当時の引き札（広告）が残っている。なお、現在は同敷地内の櫛原天満宮が本務神社となっており、五穀神社を含め六社が鎮座している。

［吉田］

所在地　久留米市通外町58
祭　神　豊宇気比売神・稲次因幡正誠公
メ　モ　境内は公園化され，田中久重や，久留米絣を発明した井上伝，ブリヂストンの創始者・石橋正二郎らの胸像がある。

北野天満宮《きたのてんまんぐう》

賑やかな「おくんち」、そしてカッパ伝説

西鉄甘木線・北野駅下車、二―三分歩くと、慶長十二（一六〇七）年作の

鮮やかな朱色が印象的な楼門

石造鳥居（県指定有形文化財）がある。もともと京都の北野天満宮の神領であった筑後国河北荘（現北野町）の鎮守社として、天喜二（一〇五四）年に勧請され、最盛期には末社七十五、寺院社家二十八、社領が千町を数えたといわれている。

至徳四（元中四／一三八七）年には、室町三代将軍・足利義満に河北荘の社家領地を認められている。戦国時代には戦火に罹り社殿が全焼したが、永正五（一五〇八）年、草野重永が社領を寄進、再興した。天正十七（一五八九）年には小早川秀包《ひでかね》が、慶長七（一六〇二）年には田中吉政が神田を寄進、江戸時代には有馬家に引き継がれ、明和年間（一七六四―七二）に藩主・有馬頼貴《よりたか》によって今日の景観に造営された。明治六（一八七三）年に郷社、同二十九年に県社に昇格した。

同社の祭礼の中で特に参拝客で賑わうのは、十月十九日に最も近い日曜日に行われる秋季大祭（おくんち）である。地元では「北野ぐんち」と称され、風流《ふりゅう》の奉納や神輿《みこし》、大名行列が町筋を通る。同社の風流の起こりについては次のような伝説がある。大宰府に下向する途中の菅原道真公が追っ手に襲われ、それを助けようとしたカッパは手を切り落とされた。後にカッパへの感謝をこめて風流を奉納するようになった。なお切られたカッパの手は現在も神社に保存されているという。［吉田］

所在地　久留米市北野町中三二六七
祭神　菅原道真公・住吉大神・武内宿禰神
メモ　おくんちは県指定無形民俗文化財。神社参道は今でも昔の風情を残しており、江戸時代から続く酒屋には、道真の梅にちなんだ「庭のうぐいす」という銘柄がある。

月読神社《つきよみじんじゃ》

藩主の姫君も祈願に訪れた眼病平癒の霊験あらたかな神

拝殿（上）と内部の絵馬

JR田主丸《たぬしまる》駅より徒歩約五分、伊弉《いざな》諾尊《ぎのみこと》が右目を洗った時に生まれたという月読尊《つきよみのみこと》を祀った神社がある。同社は天文三（一五三四）年、御原郡高橋城内（現大刀洗《たちあらい》町）から移ったとも、元和年間（一六一五－二四）に秋月（現朝倉市）から移ったとも伝えられているが、縁起などによると、二田村の林家の先祖が、伊勢国度会《わたらい》郡の月読の神に眼病平癒の祈願に赴いた際、不思議と両眼の疾痛が止まったので、江戸時代の初期に伊勢から分祀したのが始まりだという。寛延二（一七四九）年には、柳川藩主の姫が眼病平癒の祈願に訪れている。明治十三（一八八〇）年、水縄《みのう》村（現久留米市田主丸）から現在地へ移された。

祭礼の中で最も有名なものは、毎年一月二十三－二十五日の三日間行われる大祭で、地元では「お三夜さま」などと称されている。目に霊験あらたかということから、地元の植木や苗木の芽もよく出るようにと願いが込められ、沿道にて販売される。大祭が開催されるこの時期は、植木・苗木を始め多くの露店が立ち並び、大勢の参詣者で賑わっている。

［吉田］

所在地　久留米市田主丸町田主丸五二二－二
祭神　月読尊・三夜様・夜見照大神
メモ　「久留米商人の元祖」と称される手津屋（林田）正助は田主丸出身。江戸後期、商品作物や蔵米の廻送で財をなし、久留米藩の御用商人となった。

須佐能袁神社《すさのおじんじゃ》

JR久大本線・筑後草野駅下車徒歩約五分、旧日田街道沿いにある。地元では「祇園さん」と呼ばれ親しまれている。建久八（一一九七）年、在国司であった草野永平が建立したといわれている。当初は「草野祇園社」と称し、草野氏代々の守護神として奉祀されていた。草野氏の滅亡後、同町の氏神として現在でも崇敬されている。

須佐能袁神社の呼称は恐らく明治時代以降で、神仏習合の時代には「勝光山祇園寺」と呼ばれていたらしい。明治六（一八七三）年に村社となる。本殿・拝殿・楼門は県指定有形文化財。境内には秋葉神社、琴平社、稲荷社、天満宮、粟島社などがある。

〔吉田〕

所在地　久留米市草野町草野443－2
祭　神　素戔嗚尊・天照大御神・菅原道真公
メ　モ　祭礼は隔年の7月第3土・日曜日に行われる御神幸（草野風流）が有名。風流，獅子舞，大名行列が催される（市指定無形民俗文化財）。

若宮八幡宮《わかみやはちまんぐう》

JR久大本線・善導寺《ぜんどうじ》駅より徒歩十五分、旧日田街道沿いにある。草野永平は源平合戦の折、摂津《せっつ》国の若宮神社に祈願して功をなし、文治二（一一八六）年、源頼朝から筑後国在国司を任じられた。その報謝として翌年、同社を分霊したことに始まる。天正年間（一五七三－九二）に草野氏が滅ぶと、地元郡民（旧山本郡）の手で維持された。貞享四（一六八七）年、久留米四代藩主・有馬頼元《よりもと》が社殿を改築、明治六（一八七三）年に郷社、昭和十五年には県社となった。

狩野派が描いたとされる『絹本著色若宮八幡宮縁起』は、竹井城と発心《ほっしん》城を中心とした二幅で市指定有形文化財。また、筑後地域では珍しい二匹の宋風狛犬が参拝客を出迎える。

〔吉田〕

所在地　久留米市草野町吉木2611
祭　神　仁徳天皇・住吉大神・高良大神
メ　モ　2年に一度，9月15・16日（現在は9月の第2土・日曜）に行われる御神幸祭では神輿，獅子舞，風流などが奉納される（市指定無形民俗文化財）。

賀茂神社《かもじんじゃ》

JR久大本線・うきは駅より東へ徒歩約二十分、京都の上賀茂・下鴨神社を祀った地がある。室町時代、征西将軍・懐良親王が、九州鎮護のために勧請させたのが始まりという。その後、豊後大友氏の信仰篤く、文明三（一四七一）年には大友親武《ちかたけ》が社殿を再興したが、天正七（一五七九）年、大友宗麟《そうりん》の家臣・柴田嶺能の兵火に罹り、社殿や宝物などが焼失した。元和七（一六二一）年、久留米藩初代藩主・有馬豊氏《とようじ》が初穂料を献じ、以後歴代藩主も宝物を奉納した。

慶安四（一六五一）年には現社殿を再建、明治六（一八七三）年には、浮羽《うきは》郡東部五カ村を氏子とする郷社に列した。境内の末社及び摂社《せつしゃ》は天満神社、五穀神社を始め十数社あり、現在でも地域住民の拠り所となっている。［吉田］

所在地　うきは市浮羽町山北1
祭　神　神日本磐余彦尊・玉依姫命・賀茂別雷命・賀茂建角身命ほか
メ　モ　4月11日は「浮羽おくんち」と称し，五穀豊穣と無病息災を願う祈願祭が行われ，子ども楽と振毛槍という神幸行列は市無形民俗文化財に指定されている。

素盞嗚神社《すさのおじんじゃ》

JR久大本線・筑後吉井駅より北東へ約十五分、国道沿いの伝統的建造物群保存地区を眺めながら進むと吉井小学校があり、その脇に鎮座する。創立年代は不詳であるが、もとは星野村（現八女市）を本拠地とした星野氏の城下に祀られていた祇園社であるという。天正年間（一五七三－九二）に星野氏が滅びた後、現在地に鎮座したと伝えられる。寛永六（一六二九）年六月の銘を持つ鰐口《わにぐち》がある。寛延元（一七四八）年、同地域の大火にて社殿が焼失し、宝暦十三（一七六三）年、現在地に移転した。明治期に入り神仏分離令に伴って素盞嗚神社と改称した。

七月二十一・二十二日に催される例大祭「吉井祇園祭」は地域の氏子児童が神《み》輿《こし》などを奉納し、参拝客も多い。［吉田］

所在地　うきは市吉井町1083－1
祭　神　素盞嗚尊
メ　モ　筑後吉井は天領・日田と久留米を結ぶ街道の宿場町として現在でもその面影を残している地域であり，寺社を含め町並みを散策するのもおすすめ。「吉井祇園囃子」は市指定無形民俗文化財。

媛社神社《ひめこそじんじゃ》

通称・七夕《たなばた》神社。奈良時代の『肥前国風土記』に、基肄郡姫社郷《きいのこおりひめこそのさと》（鳥栖市姫《ひめ》方《かた》町付近）の郷名の由来に関して、御原《みはら》郡の「姫社の社《もり》」が見える。それによれば、姫社郷で人々にたたっていた神を鎮めるため、宗像郡の珂是古《かぜこ》が祈禱すると、神の在る所は御原郡の姫社の社であった。さらに珂是古の夢の中で織機と糸繰り道具が舞い遊んだことから女神とわかり、これを祀ったという。この姫社の社が媛社神社の原型と考えられている。

嘉永七（一八五四）年建立の鳥居には「磐船《いわふね》神社　棚機《たなばた》神社」とあり、村の氏神・岩船大明神であったところに、古代の機織《はたお》りの女神の伝承と、江戸時代後半に全国的に浸透してきた七夕信仰とが結びつき、「七夕さん」として広く信仰を集めるようになったと思われる。〔須佐〕

所在地　小郡市大崎１
祭　神　媛社神・織女神・菅原神
メ　モ　８月６・７日の夏祭りには獅子が氏子宅を回り，境内には各地から寄せられた短冊が飾られる。

御勢大霊石神社《みせたいれいせきじんじゃ》

『延喜式』神名帳に記載がある式内社。社伝によれば、仲哀天皇は熊襲《くまそ》征討の際に、橿日宮《かしひのみや》よりこの地に軍を進めて仮陣地を設けたが、戦線を回った折に敵の毒矢に当たりこの地で崩御。神功皇后は天皇の死を秘して仮に殯葬《ひんそう》し、熊襲征討後、橿日宮で発喪《はっそう》した。その後、朝鮮半島出兵に当たって御魂代《みたましろ》の石に天皇の鎧《よろい》・兜《かぶと》を着せて軍船に乗せ、凱旋後、その石を大保の殯葬の地に祀ったという。御勢大霊石という神社の名はこのことに由来し、「仲哀天皇殯葬伝説地」として社殿の前に祀られている石がその石とされる。

天正十四（一五八六）年、豊臣秀吉の九州平定の際、北上してきた島津勢の兵火により社殿、宝物などことごとく焼失したが、江戸時代に入り再建された。〔須佐〕

所在地　小郡市大保1032
祭　神　足仲彦大神（仲哀天皇）・天照皇大神・八幡大神・春日大神・吉富大神
メ　モ　境内末社の粟島神社は婦人病や安産・子授けなどに霊験があるとされている。

隼鷹神社《はやたかじんじゃ》

　縁起によれば、仲哀天皇が大保の仮陣地で天神地祇を祀った時、高御産巣日神《たかみむすびのかみ》が鷹の姿となって現れて北に飛び去り、この地の大松の梢《こずえ》にとまった後消え失せた。そこで、神功皇后が高御産巣日神をその地に祀り、鷹となって現れたので御神体として鷹を安置したという。後に松は枯れ、樟に代えられたと伝えられる。今境内にある大樟がその神木といわれ、市指定天然記念物となっている。　［須佐］

所在地　小郡市横隈164－1
祭　神　高御産巣日神・大己貴命・彦火々出見命・高皇産霊神
メ　モ　11月第3日曜日に行われる早馬祭は市指定無形民俗文化財。

老松神社《おいまつじんじゃ》

　創建は延久二（一〇七〇）年とされる。境内にある市指定有形文化財の五重石塔は元徳二（一三三〇）年、当時安楽寺（太宰府天満宮）領の荘園であった岩田庄の人々の安泰を願って造られたことが銘文から読みとれる。毎年十月に氏子によって人形《ひとがた》の注連縄《しめなわ》（人形じめ《にんぎょう》）が作られ、拝殿と境内の巨石に飾られる。この行事は「注連ねり」と呼ばれ、市無形文化財に指定されている。　［須佐］

所在地　小郡市上岩田1374
祭　神　菅原眷属神・高良玉垂命・住吉大神
メ　モ　上岩田は神功皇后が武内宿禰に剣を祀らせた神磐戸の地との伝承がある。

大中臣神社《おおなかとみじんじゃ》

　朝廷の祭祀を司った氏族・中臣氏の祖先神である天児屋根命《あめのこやねのみこと》を祀る。境内にある県指定天然記念物「福童《ふくどう》の将軍藤」は、南北朝時代に大保原《おおほばる》合戦で傷を負った南朝方の懐良親王が、天児屋根命の加護により全快したため奉納したと伝えられる。天保六（一八三五）年に再建された楼門があり、江戸時代の木造建築技術をよく伝えているとして市有形文化財に指定されている。　［須佐］

所在地　小郡市福童555
祭　神　天児屋根命・住吉大神・春日大神
メ　モ　3月11日に粥占い，4月下旬－5月初めに将軍藤まつりが行われる。

水田天満宮《みずたてんまんぐう》

地域に愛され、親しまれる天神さま

8月25日の千灯明では，境内が数千個の灯明で彩られる（県指定無形民俗文化財）

　JR羽犬塚《はいぬづか》駅から南東へ二十分ほど歩くと、こんもりと茂った森の中に水田天満宮がある。寛文十（一六七〇）年の『寺社開基』によると、嘉禄二（一二二六）年、後堀河天皇の勅願により、京都の貴族・菅原為長《ためなが》が建立し、当初は「老松《おいまつ》社」といい、近世初期、筑後国主・田中吉政の時に「天満宮」と改称された。

　菅原道真公を祭神とし、太宰府天満宮の重要な荘園・水田荘の守護神であった。領家は京都の菅原氏（高辻氏）で、水田荘を支配したのは菅原氏一族の大鳥居《おおとりい》氏であった。南北朝期、大鳥居氏は筑後水田に移住し、戦国末には六〇〇ヘクタールの社領を領有した。皇室や貴族、戦国大名（菊池義宗《きくちよしむね》、大友義鎮《よししげ》）、藩主（田中氏、立花氏）らの社領安堵と寄進が続き、その崇敬も篤く、地域の人々の参詣も多い。

　境内には、日吉神社・八幡神社・稲荷神社など二十の末社がある。このうち恋木《こいのき》神社は良縁成就の神様、幸福の神様として若者たちに人気がある。中にはこれにあやかろうと、片隅で参拝する中年族もいる。

　本殿（県指定有形文化財）の裏に、慶長十五（一六一〇）年四月二十五日に「肥前国住長安」が寄進した、素朴でユニークな石造狛犬一対（県指定有形文化財）がある。一般の狛犬とは造形感覚を異にし、近代彫刻に通じる優れた作品である。

〔半田〕

石造狛犬

所在地　筑後市水田六二一一
祭神　菅原道真公
メモ　福岡県森林浴百選の一つ「水田の森」は約四千坪の境内に樹齢四、五百年のイチイガシや樟などが茂る（県指定天然記念物）。毎年十月二十五日の神幸祭では稚児風流（県指定無形民俗文化財）が奉納される。

熊野神社《くまのじんじゃ》

大松明が夜空を焦がす 勇壮な火祭りで知られる社

筑後市熊野に熊野神社がある。当社の由緒は不詳であるが、桓武天皇の勅願により、広川荘七七〇ヘクタールを拝領したという。戦国争乱後の慶長年間（一五九六―一六一五）、筑後国主・田中吉政が再興し、社領三五八石を寄進した。

広さ一七五一坪の境内には本殿・拝殿・楼門の他、放生《ほうじょう》池に架かる眼鏡橋（県指定有形文化財）がある。この橋は石造単アーチで、長さ五・二五メートル、幅三・〇一メートルと小さいが、元禄十（一六九七）年、肥前国西川の石工《いしく》・富永仁右衛門が築造したもので、県下第二の古さである。

当社には毎年一月五日（以前は十日）に奉納される「鬼の修正会《しゅじょうえ》」（県指定無形民俗文化財）がある。この祭りは「追儺祭《ついなさい》」「鬼夜《おによ》」とも呼ばれる火祭りである。夕刻には御神火《ごじんか》がおこされ、小松明《こたいまつ》を持った子供たちが社殿の周りを三周する。神事の後、暗闇の境内で古式に則り大松明に点火。冷水で禊《みそ》ぎをした若者たちが締め込み姿で燃え盛る三本の大松明を刈又《かりまた》（長さ約五メートルの樫《かし》の棒）で支え、綱で引き回し、鉦《かね》や太鼓が打ち鳴らされる中、「ワッショイ、ワッショイ」と威勢のいい掛け声で境内を三周し、鬼を追い無病息災と豊作を祈願する。［半田］

県内で２番目に古い眼鏡橋

所在地　筑後市熊野七三〇
祭神　健速須佐之男命・熊野速玉之男命
メモ　県内最古の眼鏡橋は、延宝二（一六七四年）年に造られた大牟田市早鐘町の早鐘眼鏡橋（重要文化財）とされている。

上：灯籠人形。３層２階建ての屋台は釘を一切使わず，期間中にだけ建てられる

福島八幡宮《ふくしまはちまんぐう》

放生会に奉納される優美な人形からくり

法人登録の正式な名称は「八幡宮」であるが、「福島八幡宮」あるいは「宮野町の八幡宮」と呼び親しまれている。寛文元（一六六一）年九月十八日、近隣の土橋八幡宮より分霊・創建された。後年、福島紺屋町在住の庄屋・松延《まつのぶ》四郎兵衛が社殿を造営・寄進した。当社は旧福島城の高台の一角にあり、周囲は一部、現在も濠《みぞ》を巡らせている。

九月の秋分の日を含めた三日間、放《ほう》生会《じようえ》で「八女福島の灯籠《とうろう》人形」（重要無形民俗文化財）が奉納される。延享元（一七四四）年に灯籠を奉納したのが始まりとされ、当時は至って簡素な設備で、灯火《ともしび》を点《とも》し、飾り人形を陳列していた。明和九（一七七二）年頃に屋台が出現し、現在のように豪華な二階建ての屋台で囃子《はやし》に合わせ、棒や糸を使ってからくり人形を操るようになったのは天保六（一八三五）年頃である。

この屋台の二階には囃子方十五名、人形を操る横遣いは十二名、下遣いは人形一体に六人を配し、背景係らを含め総勢四、五十人が携わり、囃子方の地唄に合わせ人形が舞い踊る。糸や人形遣いの姿が見えないのが特徴である。壮麗な屋台、優雅な人形、巧みな操り、風雅な囃子が観る人々を魅了する。地域に根ざした伝統芸能である。［半田］

所在地　八女市本町一〇五
祭　神　応神天皇・神功皇后・武内宿禰
メ　モ　灯籠人形は、東西の紺屋町や東中西の宮野町など十一の氏子町のうち、毎年二カ町ずつ順番に奉納する。

八女津媛神社《やめつひめじんじゃ》

静謐な山中にまします女神

上：向かって右が「神ノ窟」と呼ばれる窟で，古代の祭祀場であったといわれている

権現杉

　八女市矢部村の石川内《いしがわち》の三叉路から、矢部川の支流・樅鶴《もみづる》川に沿ってしばらく上ると「神ノ窟《いわや》」という集落がある。その集落の外れに大きな窟（高さ七・六メートル、幅三〇メートル、奥行九メートル）がある。この窟の前に八女津媛神社がある。六所権現とも岩屋権現ともいい、境内に樹齢六百年の権現杉があり「権現さん」とも呼ばれる。

　祭神は、景行天皇の筑紫巡幸の頃、八女県《やめのあがた》一帯を治めていた八女津媛神（『日本書紀』）であり、養老三（七一九）年三月の創建と伝えられている。その後、天正十（一五八二）年、源親《ちか》直《なお》が再興し、昭和六十一年、落石と老朽化のため社殿を再建した。

　広さ四十七坪の境内には、社殿の他、御供屋《ごくや》や元禄六（一六九三）年銘の石灯籠、八女津媛のブロンズ像などがある。また、女神が顔を洗ったという岩清水「媛《ひめ》しずく」は、美容や美白によい「美人の水」として人気がある。境内の夫婦岩にお祈りすれば、家内安全・家庭円満になるという。そして当社は子宝に恵まれる神社としての信仰があり、男の子の出産祈願は向かって左の石を、女の子祈願は右の石を拝むとよいという。

【半田】

所在地　八女市矢部村北矢部四〇一五
祭神　八女津媛神
メモ　十一月の例祭では「浮立（ふりゅう）」が毎年奉納されていたが、氏子の減少で今は五年に一回奉納されている（県指定無形民俗文化財）。

風浪宮《ふうろうぐう》

「おふろうさん」の名で親しまれる 神功皇后伝説の息づくお宮

筑後川左岸の家具の町・大川市の酒《さけ》見《み》に「おふろうさん」と呼び親しまれる風浪宮がある。社伝によると、神功皇后が朝鮮出兵の帰途、暴風の難に遭いながらも、海神・少童命《わたつみのみこと》の御加護により無事筑後葦原《あしはら》の津（大川市榎《えのき》津《づ》）に着船したという。その折、皇后の軍船の辺りに白鷺《しらさぎ》が忽然と現れ、艮《うしとら》（北東）の方角に飛び去った。皇后は、この白鷺こそ風浪の難から守護してくれた少童命の化身であると、白鷺のとまった大楠の地（鷺《さぎ》見《み》、後の酒見）を聖地とし、武内宿禰《すくね》に命じて仮宮（年塚の宮）を造り、水軍の長《おさ》である阿曇磯良丸《あずみのいそらまる》を初代神主にしたという。樹齢二千年といわれ、幹周り八メートル余の「白鷺の楠」（県指定天然記念物）が本殿のそばに立っている。

幹周り８メートル余の「白鷺の楠」

本殿は永禄三（一五六〇）年、蒲池《かまち》城主・蒲池鑑盛《あきもり》が再建したもので、三《さん》間社流造《げんしゃながれづくり》、檜皮葺《ひわだぶき》の豪壮な造りである（重要文化財）。風浪宮外苑には、弥生時代の酒見貝塚や磯良神社、磯良塚などがあり、境内には「正平塔」と呼ばれる正平十（一三五五）年銘の石造五重塔（重要文化財）がある。毎年二月九日より三日間、「おふろうさんまつり」が行われる。前夜の「裸《はだか》ん行《ぎょう》」、年塚宮詣り、御神幸祭や流鏑馬《やぶさめ》、浦安《うらやす》の舞などで賑わう。

［半田］

所在地　大川市酒見七二六－一
祭神　少童命（表津少童命・中津少童命・底津少童命）
メモ　旧暦四月一日には「沖詣り海神祭」が行われる。筑後川河口地先の有明海の干潟に祭壇を設け、海上安全・海産豊漁を祈願する。

鷹尾神社《たかおじんじゃ》

社伝によれば貞観十一（八六九）年創建という当社は、もともと鷹尾郷の郷社と考えられ、平安末期には筑後国一宮《いちのみや》・高良《こうら》大社の別宮として、京都の待賢門《たいけんもん》院《いん》を本家、徳大寺大納言家を領家とする瀬高下庄《せたかしものしょう》の鎮守であった。文治五（一一八九）年、鷹尾郷の地が円勝寺領の鷹尾別府《べふ》になっても、当社は瀬高下庄の鎮守であった。社の造営・修造は、鷹尾城主・田尻氏や柳川藩主・立花氏らの下知によって行われた。

例祭には流鏑馬《やぶさめ》、御神幸、風流《ふりゅう》（破牟《はん》耶舞《やまい》）が行われる。境内には神功皇后行啓《ぎょうけい》遺跡、神功皇后腰掛石、牛の宮などがあり、鳥居は貞享元（一六八四）年、柳川藩三代藩主・立花鑑虎《あきとら》によって寄進されたものである。

［半田］

所在地　柳川市大和町鷹ノ尾317－1
祭　神　応神天皇・仲哀天皇・神功皇后
メ　モ　「鷹尾神社大宮司家文書」は重要文化財で，現在は柳川古文書館に保管されている。

矢留大神宮《やどみだいじんぐう》

元暦二（寿永四／一一八五）年、壇ノ浦の戦いで敗れ、肥後の五箇荘《ごかのしょう》（五家荘）に逃れた平家の落武者のうち、難波《なんば》善長《よしなが》、加藤藤内らの「六騎《ろっき》」は、柳川沖端《おきのはた》に移り住み、漁業を始めたという。ちなみに柳川地方では現在も、漁師を「ろっきゅう」（六騎）という。

社伝によると、応永二（一三九五）年、六騎の末裔が天照皇大御神《あまてらすすめおおみかみ》を祭神として祀ったのが始まりという。境内には六騎神社・若宮神社・蛭子《えびす》神社・天満神社があり、「見ずならむ一度見むと産土《うぶすな》の宮の春日を恋ふらく我は」という詩聖・北原白秋の歌碑が立つ。隣接する白秋詩碑苑にも「帰去来《ききょらい》」の詩碑がある。毎年一月二十五日は白秋生家のある沖端を舞台に生誕祭、十一月一－三日は堀割を舞台に白秋祭が行われる。

［半田］

所在地　柳川市矢留本町25・27
祭　神　天照皇大御神・八幡神・住吉神
メ　モ　毎年11月15日に矢留大神宮と六騎神社の大祭が行われる。

沖端水天宮《おきのはたすいてんぐう》

文禄三（一五九四）年、柳川城主・立花宗茂《むねしげ》が豊受姫神《とようけひめのかみ》を祭神とする稲荷神社を柳川沖端《おきのはた》に建立。その後、文化年間（一八〇四－一八）に京都の弥剣《やつるぎ》神社（祇園社）の分霊を合祀した。明治二（一八六九）年には久留米水天宮の分霊を合祀、水難・安産の神として信仰が篤い。

当時、氏子町は祭りの際、神社横の堀割に、六隻の川舟を繋いだ「三神丸」という大きな船を浮かべ、その上に舟舞台を作り、歌舞伎や囃子《はやし》を奉納した。囃子には三味線・横笛・吊り太鼓・締太鼓が使われ、京風の上品で古典的な調べに異国情緒豊かなオランダ風の調子が混じり合い、別名「オランダ囃子」とも呼ばれるようになった。

〔半田〕

所在地　柳川市稲荷町21
祭　神　安徳天皇・高倉平中宮・二位時子・天御中主命
メ　モ　舟舞台囃子は現在，毎年５月３－５日に，昼は地元の子供たち，夜は青年部が演奏，多くの参拝客で賑わう。

神社横の堀割に浮かぶ「三神丸」

日吉神社《ひよしじんじゃ》

正応三（一二九〇）年、近江国坂本の「山王大権現」の分霊を柳川坂本町に祀ったのが始まりと伝えられ、「山王宮」「山王大権現」あるいは「山王さん」の名で親しまれている。文亀・永正（一五〇一－二一）の頃、蒲池《かまち》城主・蒲池治久《はるひさ》が柳川の宗廟として社領五十三石余を寄進した。元禄九（一六九六）年、柳川藩三代藩主・立花鑑虎《あきとら》は社殿を再建し、合わせて一〇三石余の社領安堵を行った。明治四（一八七一）年、山王宮を「日吉神社」と改称した。

新年初詣でには大きな「お多福さん」の面をくぐると福をたくさんいただくといわれ、六月三十日の夏越《なごし》祭は茅《ち》の輪くぐり、秋季大祭には山王菊花展などで賑わう。

〔半田〕

所在地　柳川市坂本町６
祭　神　大山咋神
メ　モ　境内には芥川賞作家・長谷健の文学碑，うなぎ供養碑などがある。

乙宮神社《おとみやじんじゃ》

当社の御神体である「石殿《せきでん》」（県指定有形文化財）には弓矢を持った御神像が彫刻されており、「グドンサン」と呼ばれている。裏側に刻み込まれた銘文から願主は藤原経躬《つねすけ》であり、貞和七（一三五一）年、藤原助継《すけつぐ》の作であることがわかる。願主の藤原経躬は藤田村の在地領主であり、南北朝争乱期における郷土の安穏を願って奉納したものと思われる。［半田］

所在地　大牟田市宮坂町20
祭　神　月夜見命
メ　モ　藤原助継は南北朝期の名工。彼の作品は大牟田を中心に，熊本から大川まで９点が残る。

宮原天満宮《みやはらてんまんぐう》

「駛馬《はやめ》天満宮」とも呼ばれる。当社は承平三（九三三）年、菅原道真公（菅公）の自画像を御神体として三毛師方《みけのもろかた》が建立したという。大宰府に左遷された菅公は、都に残してきた妻子を慰めるため、住吉下野守信晴《しもつけのかみのぶはる》を遣わし自画像を届けさせた。菅公死後、信晴は枕辺に現れた菅公のお告げに従い、再び都に上って自画像を持ち帰り、三毛師方が造立した社に御神体として奉納したという。［半田］

所在地　大牟田市宮原町１－191
祭　神　菅原道真公
メ　モ　境内に貞和６（1350）年に藤原助継が造立した五重石塔の一部が残る（県指定有形文化財）。

藤田天満宮《ふじたてんまんぐう》

当社は、三毛南郷《みけなんごう》にあった安楽寺（太宰府天満宮）の荘園・藤田別府《べふ》の鎮守として創建された。高良《こうら》大社の天慶七（九四四）年の『筑後国神名帳』に、三毛郡十三前神の一つとして藤田神が散見される。口伝によると、創建当初は藤田の字《あざ》奥の屋敷にあったが、寛永元（一六二四）年、現在地に遷座したという。境内に残っている貞和七（一三五一）年銘の石塔は藤原助継《すけつぐ》の作である。［半田］

所在地　大牟田市藤田町743
祭　神　菅原道真公
メ　モ　石塔には「大檀那大蔵□□」と刻まれており，これは三毛南郷の在地領主・大蔵姓米生氏のことと思われる。

三橋健『イラスト図解神社』日東書院本社，2011年
「旅ムック」編集部『九州　神社・仏閣・霊場をめぐる聖地巡礼ガイド』メイツ出版，2011年
神社本庁監修『神社検定公式テキスト 1　神社のいろは』扶桑社，2012年
神社本庁監修『神社検定公式テキスト 2　神話のおへそ』扶桑社，2012年

福岡県の神社に関する文献

■県内の神社をまとめた文献

大日本神祇会福岡県支部編『福岡県神社誌』上中巻・下巻，防長史料出版社，1988年（1944年刊の復刻版）
河辺秀治『神々の里 1　福岡県の神社』改訂版，1990年
式内社研究会編『式内社調査報告第24巻　西海道』皇学館大学出版部，1978年
神道大系編纂会編『神道大系　神社編44　筑前・筑後・豊前・豊後国』1982年

■個別の神社の文献

宗像神社復興期成会編『宗像神社史』上・下・附巻，1961－71年
西高辻信貞『太宰府天満宮』学生社，1970年
宇美八幡宮編『宇美八幡宮誌』1979年
神道大系編纂会編『神道大系　神社編49　宗像』1979年
西高辻信貞監修『太宰府天満宮』講談社，1985年
神道大系編纂会編『神道大系　神社編48　太宰府』1990年
太宰府天満宮文化研究所編『天神絵巻　太宰府天満宮の至宝』太宰府天満宮，1991年
筥崎宮編『筥崎宮　由緒と宝物』1993年
広渡正利『筑前一之宮住吉神社史』文献出版，1996年
広渡正利『香椎宮史』文献出版，1997年
広渡正利編校訂『筥崎宮史』文献出版，1999年
九州歴史資料館編『九州の寺社シリーズ18　筑前大分大分宮と養源寺』2002年
正木喜三郎『古代・中世宗像の歴史と伝承』岩田書院，2004年
宗像大社社務所編『むなかたさま　その歴史と現在』改訂版，2006年
佐藤正彦監修・執筆／久留米市教育委員会編『大善寺玉垂宮の建造物』2006年
正木晃『宗像大社・古代祭祀の原風景』日本放送出版協会，2008年

■神社についての記載を含む文献

加藤一純・鷹取周成編／川添昭二・福岡古文書を読む会校訂『筑前国続風土記附録』上・中・下，文献出版，1977－78年
奥村玉蘭著／田坂大蔵・春日古文書を読む会校訂『筑前名所図会』文献出版，1985年
西日本文化協会編『福岡県史近代史料編　福岡県地理全誌』1－6，福岡県，1988－95年
青柳種信著／福岡古文書を読む会校訂『筑前町村書上帳』文献出版，1992年
青柳種信編著・福岡古文書を読む会校訂『筑前国続風土記拾遺』上・中・下，文献出版，1993年
貝原益軒編／伊東尾四郎校訂『筑前国続風土記』増補，文献出版，2001年
福岡県高等学校歴史研究会編『福岡県の歴史散歩』山川出版社，2008年

より詳しく知るための

参考文献案内

神社に関する文献には，宗教・神道関係，民俗系，歴史系など様々なものがあります。神社の概要を調べる際には，各自治体史や地名辞典などが簡明に記されているため参考になります。比較的大きな神社なら独自に神社史や案内のパンフレットを発行している場合もあり，さらに詳しく調べることができます。また，江戸時代の地誌類にも神社に関する記述が多々あります。

もちろんアクロス福岡文化誌シリーズでも神社は度々登場しており，特に祭りや民俗芸能については第４巻の『福岡の祭り』で詳しく紹介しています。

最近では，神社本庁や各都道府県の神社庁，神社ごとのホームページも作られており，各自治体のホームページでも名所・観光案内として神社が取り上げられています。また，趣味で神社めぐりをされている方のブログにも充実した内容のものがありますので，閲覧されてみてはいかがでしょうか。

なお，福岡県立図書館のホームページには「福岡県の神社について調べるには」（調べてみんね，よかコツ福岡～調べ方の近道案内～郷土資料版No.2）というコーナーがあり，参考になります。

神社に関する一般書籍

岡田米夫『日本史小百科　神社』東京堂出版，1993年

白井永二・土岐昌訓編『神社辞典』新装普及版，東京堂出版，1997年

谷川健一編『日本の神々１』新装復刊，白水社，2000年

濱島正士監修『文化財探訪クラブ　神社建築』山川出版社，2001年

外山晴彦・「サライ」編集部編『神社の見方』小学館，2002年

田中恆清監修／林豊著／沖宏治写真『お参りしたい神社百社』ＪＴＢパブリッシング，2004年

鎌田東二監修『すぐわかる日本の神々』東京美術，2005年

井上宏生『神さまと神社』祥伝社新書，2006年

九州国立博物館編『海の神々　捧げられた宝物』2006年

三橋健『神社の由来がわかる小事典』ＰＨＰ新書，2007年

井上順孝監修『すぐわかる日本の神社』東京美術，2008年

武光誠監修『神社とは何か？ お寺とは何か？』阪急コミュニケーションズ，2009年

渋谷申博『総図解よくわかる日本の神社』新人物往来社，2009年

三橋健『図説あらすじでわかる！ 日本の神々と神社』青春新書，2010年

■執筆者一覧

森　弘子（福岡県文化財保護審議会委員）
水野哲雄（福岡市教育委員会文化財部文化財調査担当）
佐々木哲哉（元福岡県文化財保護審議会委員）
村田眞理（元太宰府天満宮文化研究所／熊本市文化振興課文化財調査員）
森久実子（構成作家）
高瀬美代子（詩人／民俗研究家）
河村哲夫（福岡県文化団体連合会専務理事）
磯村幸男（福岡県企画・地域振興部世界遺産登録推進室）
加藤哲也（財界九州社編集委員）
清原倫子（九州国立博物館展示課）
冨田孝浩（北九州市教育委員会生涯学習部文化財課）
恒遠俊輔（豊前市文化財保護審議会委員）
竹川克幸（麻生西日本新聞ＴＮＣ文化サークル事務局長／日本経済大学講師）
半田隆夫（福岡女学院大学生涯学習センター講師）
吉田洋一（久留米大学文学部准教授）
須佐弘美（小郡市教育委員会文化財課嘱託）

※肩書きは第一刷発行時（二〇一二年三月）

■写真撮影者一覧（数字は写真掲載ページ）

木下陽一　カバー・4・13・15・20・24・26・28・30・31・33・34・35・36・44上・47下・49・53左・54・55右・58・60・61・64・65・66左・67・68下・71上・72左・73・76・78上・79・80左・81・82・83右・86・88・91・92・93上・94右・95・98・113上・117上中・118・120・121左・122・123・124左・125下・127上下・129・131・139上・140上・142・143・144・147下・148上・149・150上・152上・153左・154
斎藤英章　1・19・21下・38左・40右・47上・51左・78下・94左・97上・100・102上・104右・111下・117下・128左・141左・145・147上中・150下・151・153右
川原敏明　7・8・16・39上中・40左・41右・42・45上・50上・51右・52・55左・70・80右・83左・89・90・93下・127中・128右
佐藤恭敏　12・134・137・140下・152下
久野隆志　22
竹川克幸　23上・37上・56・84・85・97下・116・121右・124右・125上・126・130
森　弘子　23下・48左
長家　伸　38右
三木隆行　41左
亀崎敦司　44下
佐々木哲哉　45下・105下
高崎英明　46
高瀬信一郎　53右
加藤哲也　69・71下・72右
冨田孝浩　101・102下・103・104左
中村康也　105上・106・107・108・109・110上・111上・112・113下・114・115
半田隆夫　132・133上・148下・155
吉田洋一　136・138・139下・141右
須佐弘美　146

アクロス福岡文化誌6　福岡県の神社

二〇一二年三月三十一日　第一刷発行
二〇一六年十二月一日　　第二刷発行

編　者　アクロス福岡文化誌編纂委員会
発行者　杉本雅子
発行所　有限会社海鳥社
　〒八一二－〇〇二三
　福岡市博多区奈良屋町十三番四号
　電　話〇九二（二七二）〇一二〇
　ＦＡＸ〇九二（二七二）〇一二一
　http://www.kaichosha-f.co.jp
印刷・製本　大村印刷株式会社
ISBN 978-4-87415-847-0
［定価は表紙カバーに表示］

『アクロス福岡文化誌』刊行について

古来よりアジアと九州を結ぶ海路の玄関口、文明の交差点として栄えてきた福岡は、大陸文化の摂取・受容など文化交流の面で先進的な役割を果たしてきました。

「文化」とは時代が変化していく中で育まれた「ゆとり」「安らぎ」など心の豊かさの副産物、つまり精神充実の賜物であり、国や地域、そこで生活する人々を象徴しています。そして、文学、歴史、学問、芸術、宗教・信仰、民俗、芸能、工芸、旅、食など様々な分野へと発展し、人類の貴重な財産として受け継がれてきました。

科学や情報技術が進歩し、心の豊かさが求められている現在、「文化」の持つ意味・役割に改めて注目し、その保存・継承、充実を図ることは、日本社会を活性化するための重要な鍵になると考えます。

この『アクロス福岡文化誌』は財団法人アクロス福岡が進める文化振興事業の一環として、福岡の地域文化、伝統文化の掘り起こしや継承、保存活動の促進を目的に刊行するものです。また、福岡に軸足を置きつつ、九州、アジアにも目を向け、ふるさとの文化を幅広く紹介し、後世に伝えていきたいと考えています。

この文化誌が地域活性化の一助、そしてアジア―九州―福岡をつなぐ文化活動の架け橋になれば幸いです。

アクロス福岡文化誌編纂委員会 会長　武野要子

財団法人アクロス福岡 館長　石川敬一